NEGOCIE PARA VENCER

JAQUELINE

William Ury

NEGOCIE PARA VENCER

INSTRUMENTOS PRÁTICOS E CRIATIVOS PARA CHEGAR AO SIM

HSM Editora

Título original: Getting Past No

Tradução: Regina Amarante (Direitos de tradução cedidos por Editora Best*Seller* LTDA.)
Edição: Oliva Editorial
Editoração eletrônica e Capa: ERJ Composição Editorial

Publicado anteriormente com título:
Supere o Não: Negociando com Pessoas Difíceis: Como Fechar Grandes Negócios Transformando Seu Oponente em Parceiro / William L. Ury; Tradução: Regina Amarante - 7ª ed. - Rio de Janeiro: Best*Seller*, 2012.
ISBN: 978-85-7684-417-4

Edição revista e atualizada - 4ª impressão

Dados Internacionais de Catalogação na Publicação (CIP)
(Câmara Brasileira do Livro, SP, Brasil)

Ury, William L.
Negocie para vencer : instrumentos práticos e criativos para chegar ao sim / William L. Ury ; [tradução Regina Amarante]. -- 2. ed. rev. e atual.. -- São Paulo : HSM Editora, 2013.

ISBN 978-85-65482-27-1

Título original: Getting past no : negotiating in difficult situations.
Bibliografia.
1. Negociação I. Título.

13-05097 CDD-158.5

Índices para catálogo sistemático:
1. Negociação : Psicologia aplicada 158.5

HSM Editora
Al. Mamoré, 989, 13ª andar
Alphaville, Barueri - SP
06454-040

A Roger Fisher
com gratidão

Sumário

Prefácio

Prefácio do Autor para a Edição Brasileira

É uma satisfação especial escrever uma introdução para os leitores brasileiros deste livro.

Ao longo de trinta e cinco anos de trabalho no campo da negociação tive o privilégio de testemunhar uma revolução silenciosa acontecendo no mundo no encalço da Revolução do Conhecimento. Trata-se de uma revolução no modo pelo qual indivíduos, organizações e sociedades tomam decisões a que denomino de Revolução Negocial.

A Revolução Negocial

Na geração passada, o método de tomada de decisões dominante ao redor do mundo era bastante hierárquico. As pessoas no topo das pirâmides de poder — no trabalho, na família, na política — tomavam as decisões, e as pessoas na base das pirâmides seguiam as ordens.

No mundo de hoje, caracterizado pela explosão da Internet, aquela realidade está mudando rapidamente. Atualmente, para conseguir fazer nosso trabalho e ter nossas necessidades atendidas, precisamos contar com dezenas, centenas, talvez milhares de indivíduos e organizações sobre as quais não exercemos poder diretamente. Simplesmente não podemos contar somente em dar ordens — mesmo quando estamos lidando com empregados ou mesmo com crianças. Para conseguir o que queremos, somos obrigados a negociar. Mais lentamente em alguns lugares, mais rapidamente em outros, as pirâmides de poder estão gradualmente se transformando em redes de negociação.

Quer você goste disso ou não, somos todos negociadores. Durante as palestras que faço sobre negociação, frequentemente pergunto a membros da plateia quanto tempo passam negociando — sendo a negociação definida de modo geral como estar envolvido em rodadas de comunicação com o objetivo de se chegar a um acordo. Independentemente de a plateia ser composta de gestores ou de autoridades governamentais, professores ou engenheiros, brasileiros ou americanos, a resposta invariavelmente é a mesma: a maior parte das pessoas afirma que passa mais de metade de seu tempo desperto negociando. Quando pergunto se essa quantidade de tempo está aumentando ou diminuindo, quase todos concordam que é a primeira opção.

Hoje em dia, as pessoas parecem estar negociando em toda parte. Isso começa logo cedo, na família. Quem realizará os afazeres domésticos? Quem se encarregará das finanças familiares? O processo continua no trabalho, com os colegas, com os chefes, e com os empregados. Negociamos com clientes e fornecedores, com bancos, contadores, advogados, sem mencionar autoridades governamentais. De modo informal, negociamos desde o momento em que acordamos até o momento em que vamos dormir.

No mundo dos negócios, o trabalho é, cada vez mais, realizado por equipes e forças-tarefa, os negócios são fechados por meio de *joint ventures* e alianças estratégicas, e o crescimento atingido por meio de fusões e aquisições. Cada uma dessas formas de organização requer negociação contínua — e renegociação — à medida que o ambiente dos negócios se modifica. O sucesso e a rentabilidade de um negócio dependem de toda uma série de negociações conduzidas ao longo do ano com clientes chave, investidores, fornecedores, empregados e sindicatos.

Pense por um momento sobre as dez decisões mais importantes que teve de tomar durante o ano anterior. Quantas dessas decisões você pode tomar sozinho, unilateralmente, e quantas delas você teve que tomar com outros, por meio de um processo conjunto de tomada de decisão, ou, em outras palavras, por meio de negociação? Se você é como a maioria das pessoas a quem fiz essa pergunta, de diversos países diferentes, a resposta provavelmente será que a maior parte das decisões importantes, se não todas elas, são tomadas por meio da negociação.

A negociação tornou-se o processo mais notável de tomada de decisões — em casa, no trabalho, e na sociedade.

De modo paradoxal, o advento da revolução negocial na era da globalização implica mais conflitos, e não menos. Mudanças trazem conflito — e o mundo está mudando rapidamente. Hierarquias tendem a acumular conflitos, o que vem à tona quando as hierarquias cedem espaço às redes. As democracias fazem com que conflitos fiquem aparentes, ao invés de suprimi-los, o que geralmente faz com que pareçam tão conflituosas e turbulentas se comparadas com sociedades mais autoritárias.

Nosso objetivo não pode — e não deveria — ser o de eliminar o conflito. O conflito é uma parte natural da vida. Ele provoca mudanças. Na forma da competição nos negócios, ajuda a criar prosperidade. Encontra-se no coração do processo democrático. As melhores decisões não resultam de um consenso superficial, mas sim de pontos de vista diversos trazidos à superfície e da busca de soluções criativas. São poucas as injustiças, além do mais, que são resolvidas sem sérios conflitos. Por mais estranho que possa parecer, o mundo precisa de mais conflitos, não de menos.

Nosso desafio, portanto, não é eliminar o conflito, mas sim *transformá-lo*. É mudar o modo por meio do qual lidamos com nossas diferenças — da rixa destrutiva à cooperação construtiva.

Não se deve subestimar a dificuldade dessa tarefa, e, contudo, nenhuma tarefa é tão urgente no mundo hoje.

Basta olhar ao redor para ver quanto trabalho ainda precisa ser feito. Quantas pessoas ainda estão, com raiva e teimosia, barganhando posições e ignorando seus interesses subjacentes? Quanto mais pode escalar a destrutividade de amargas disputas familiares, de ações judiciais intermináveis, e de guerras sem fim? Na falta de um bom processo, quantas oportunidades perdidas ainda existirão para soluções que são melhores para ambos os lados?

Do Ganho-Perda ao Ganho-Ganho

Para a geração passada, o termo 'negociação' tinha uma conotação preponderantemente antagônica. A questão comum na mente das pessoas era "quem vai vencer e quem vai perder esta negociação?" Para negociar um acordo, tinha-se que 'ceder'. Não era uma possibilidade agradável. A ideia de que ambos os lados poderiam se beneficiar, de que ambos poderiam obter 'ganho', era estranha para a maior parte das pessoas na maioria dos contextos.

Hoje se reconhece cada vez mais que existem métodos cooperativos de negociar nossas diferenças e que, mesmo que uma solução 'ganho-ganho' não possa ser encontrada, ainda assim pode-se obter um acordo sábio e melhor para ambas as partes do que a outra alternativa possível. De fato, uma abordagem "ganhar-perder" frequentemente conduz à derrota de ambos os lados. Como Gandhi disse uma vez, "olho por olho e o mundo acabará cego".

Com a Revolução do Conhecimento, uma mudança está acontecendo na própria lógica do conflito. Enquanto o recurso básico tradicional da sociedade humana — a terra — é um bolo de tamanho fixo que se presta a lutas destrutivas por sua divisão, o novo recurso básico — o conhecimento — é um bolo expansível. Mais conhecimento para você não implica menos conhecimento para mim; é algo que todos podemos partilhar. Se eu dou terra, tenho menos terra; mas se dou conhecimento, não diminuo meu conhecimento em consequência disso. Na verdade, podemos todos nos beneficiar do mesmo conhecimento. Existem limites para a terra e para os recursos materiais, mas não há limites para o aprendizado.

Por outro lado, ao contrário da terra, que tipicamente é melhorada com a propriedade privada, o conhecimento melhora ao ser compartilhado. O empreendimento central da Revolução do Conhecimento — a ciência — conta com a troca de teorias e de informação. Cientistas competem uns com os outros, para serem os primeiros a inventar uma vacina, da mesma maneira que times diferentes competem mas a competição refere-se principalmente ao tempo, a quem chega primeiro. O funcionamento essencial é de cooperação; nenhum cientista pode trabalhar de forma eficaz sem cooperar com colegas, sejam passados ou presentes. Por meio de tal cooperação e do partilhar, o recurso do conhecimento cresce de modo mais e mais abundante para todos.

No mundo dos negócios, onde a competição é acirrada e as empresas frequentemente guardam seu conhecimento de forma ciumenta, a melhor estratégia muitas vezes é dividir o conhecimento — e até mesmo de graça. Pense em gigantes da Internet como o Google, que fornecem gratuitamente uma vasta quantidade de informação.

A Revolução do Conhecimento torna mais fácil para que os dois lados da negociação obtenham "ganho". A situação de "ganho-ganho" não implica que ambos os lados ganhem tudo que queriam, mas sim que cada um deles possa se beneficiar mais do que se beneficiariam de outra forma. As empresas estão descobrindo que é vantajoso para elas reunir seus recursos para pesquisa e desenvolvimento, dividir estabelecimentos de produção, e aprender uns com os outros. Estão formando alianças estratégicas e *joint ventures*, algumas vezes com seus mais ferrenhos concorrentes.

Um bom exemplo disso é talvez a rivalidade mais famosa no mundo tecnológico, entre a Apple Computers e a Microsoft. Apesar de sua competição intensa, as duas empresas cooperaram ao longo dos anos em diferentes projetos, desde tornar o *software* Office da Microsoft compatível com os computadores Mac, a tornar os iPods da Apple compatíveis com o *software* Windows da Microsoft. Como Steve Jobs anunciou uma vez, "Temos de deixar de lado a noção de que para a Apple ganhar, a Microsoft tem que perder". Cada vez mais no mercado atual, a habilidade de um negócio de competir depende, de forma paradoxal, de sua habilidade de cooperar.

Se, tradicionalmente, a negociação tinha uma qualidade de "ganho-perda", hoje, mais e mais pessoas e organizações estão buscando métodos para atingir soluções de ganho mútuo. No meu trabalho como consultor, tive muitas oportunidades de testemunhar líderes sindicais implacáveis e gestores céticos, por exemplo, gradualmente perceberem que a "negociação de ganhos mútuos" pode levar a resultados tangivelmente melhores que gritar uns com os outros e buscar a derrota mútua. "Eu me lembro da azia, das dores de cabeça, das noites insones", diz um negociador do sindicato dos professores. "Esta maneira [negociação de ganhos mútuos] é muito menos ameaçadora". Ao invés de tentar dividir um bolo econômico que geralmente está encolhendo com a competição global intensificada, gestores e trabalhadores buscam a expansão do bolo por meio de modos inovadores de aumentar a produtividade e dividir os lucros.

Se a negociação tradicional era 80% barganha, a nova negociação é 80% aprendizado. Frequentemente, as melhores soluções emergem de um processo de aprendizado conjunto entre parceiros que compartilham informações sobre seus problemas, discutem seus interesses e preocupações respectivos, e buscam gerar soluções criativas. O resultado final é geralmente uma solução de ganho-ganho que nenhuma das partes imaginava ser possível antes da negociação.

Aprendendo a Negociar Melhor

Há trinta anos, o tema da negociação não era um campo de estudo e treinamento definido. Poucos eram os cursos, quando eles existiam, oferecidos em universidades. Hoje, cursos de negociação são onipresentes — ensinados em muitas escolas de administração, de governo, de direito, em muitas corporações e até mesmo em escolas primárias. A negociação é cada vez mais reconhecida como uma competência central no trabalho e na vida.

Então, como podemos aprender a negociar melhor?

Aprender negociação é um pouco como aprender a construir uma ponte. Séculos atrás, as pessoas aprendiam a construir pontes por tentativa e erro. Então veio a arte e a ciência da engenharia estrutural, que buscava determinar os princípios estruturais subjacentes que faziam algumas pontes ficarem em pé e outras desmoronarem. Hoje somos capazes de construir pontes maiores e melhores do que nunca. O mesmo é verdade na negociação, que se refere a construir pontes entre seres humanos. Se pudermos entender os princípios subjacentes, que fazem com que algumas de nossas negociações sejam bem-sucedidas e outras não, podemos aprender a negociar com resultados muito melhores.

Esses princípios práticos para o sucesso, mesmo em situações desafiadoras, constituem o objeto a que meu trabalho se dedicou a estudar e articular. Esses princípios para avançar em negociações são oferecidos neste livro. Meu objetivo é ajudá-lo a se tornar um *negociador reflexivo*, alguém que pensa sobre o processo à medida que se engaja nele e busca continuamente aprender com suas experiências.

A maior parte das pessoas a quem pergunto afirmam que passam metade de seu tempo, ou mais, negociando no sentido informal do dia a dia. Se passássemos todo esse tempo dedicados a um esporte favorito, poderíamos tentar as Olimpíadas. Então a pergunta é: por melhores que sejamos na arte da negociação, por que não estamos todos nas Olimpíadas Negociais? Acredito que a resposta esteja no fato de que, quando praticamos nosso esporte favorito, estamos normalmente focados não apenas no placar, mas também na nossa técnica — nosso trabalho de pés no futebol, nossa braçada na natação, nosso *swing* no tênis. Estamos continuamente nos aperfeiçoando. Quando negociamos, no entanto, tendemos a concentrar quase toda nossa atenção não na técnica, ou no processo, mas no resultado, nos termos e condições e nos acordos monetários. Se, contudo, pudermos nos tornar negociadores reflexivos, devotando mais de nossa atenção ao processo de negociação, então teremos a chance de aprender com cada uma de nossas negociações diárias. Se continuarmos a aprender, podemos eventualmente nos tornar campeões de negociação e entrar nas Olimpíadas Negociais.

Ainda que você seja um bom negociador, sempre pode se beneficiar de treinamento e de *coaching*. A negociação precisa ser tratada do mesmo modo que a capacidade de jogar futebol, não somente como um talento inato, mas sim como uma habilidade que precisa de prática constante, reflexão e aprimoramento.

O Futuro da Negociação

Vivemos hoje numa era para a qual antropólogos do futuro podem se voltar um dia e denominar de a reunião familiar da humanidade. Pela primeira vez em centenas de milhares de anos, a família humana está em contato, graças à revolução das comunicações. Todas as quinze mil 'tribos' aproximadamente ou comunidades linguísticas no planeta estão cientes da existência de outras ao redor do mundo. Como em muitas reuniões familiares, no entanto, nem tudo é paz e harmonia, mas, ao invés disso, são marcadas por muitos conflitos.

Mais do que nunca, ao enfrentar os desafios do século XXI, nós, seres humanos, precisamos aprender a viver e a cooperar uns com os outros de modos sem precedentes. Enquanto a negociação, como processo de tomada de decisão, existe desde os primórdios da história humana, ela nunca foi tão central à vida humana e ao futuro de nosso planeta.

Nosso futuro e o de nossos filhos e netos dependem de aprendermos como mudar o jogo básico da negociação do ataque mútuo para o ataque conjunto dos problemas e do confronto antagônico à solução cooperativa de problemas. Precisamos aprender verdadeiramente a ouvir os outros, especialmente aqueles de quem discordamos. Precisamos aprender a lidar de modo construtivo até mesmo com os conflitos mais delicados e difíceis. É possível, disso tenho certeza.

Cada um de nós é participante na pioneira geração de negociadores. O campo da negociação ainda está na sua infância. Ele clama por muita inovação no *software* das relações humanas, do mesmo modo que vemos hoje no *software* de computadores ou no *hardware* de aviões.

Tenho muita esperança de que o Brasil tenha muito a contribuir com o desenvolvimento futuro da negociação. A cultura brasileira, flexível e inclusiva, presta-se à negociação. A sociedade brasileira desenvolveu mecanismos para que pessoas de muitas origens étnicas e religiosas diferentes vivessem e trabalhassem juntas. O Brasil, como país, tem um importante papel a desempenhar como uma terceira via na política global, como uma força pela paz e pela justiça. Aguardo ansiosamente o dia em que professores e negociadores brasileiros levarão suas lições valiosas para o mundo.

Enquanto isso, desejo todo o sucesso em suas negociações no trabalho, em casa, e na comunidade.

Boa sorte!

William Ury
Abril de 2013

Notas do Autor, 15 Anos Depois

A publicação de *Negocie para Vencer* fez quinze anos. Embora o mundo tenha mudado bastante, os princípios e métodos para lidar com pessoas e situações difíceis aqui apresentados permanecem tão oportunos e necessários como sempre foram.

A importância e a onipresença da negociação só continuaram a crescer. Há uma geração ou mais atrás, pode-se dizer que a maior parte das decisões era tomada de forma hierárquica. As pessoas no topo davam as ordens e as pessoas na base simplesmente as seguiam. Isso está mudando. Atualmente, nos mais diferentes campos, da família ao trabalho e à política, a negociação está se tornando o modo de tomada de decisões por excelência. Esse é um fenômeno global que imagino ser uma revolução da negociação.

Mas negociar não é fácil. Mais do que nunca, enfrentamos mais dificuldades, controvérsias e conflitos no mundo interligado por redes de hoje. O conflito é uma indústria em crescimento — e também, naturalmente, as negociações são difíceis. Talvez não seja surpreendente que o interesse nos métodos de negociação descritos neste livro tenha continuado a aumentar.

Fizeram-me com frequência a pergunta de como meu pensamento sobre negociação evoluiu ao longo do tempo desde que escrevi a presente obra. Embora eu não tenha modificado este livro em nenhum aspecto, ele conseguiu sobreviver ao teste do tempo, e acabo de escrever um novo livro sobre negociação — curiosamente sobre *como dizer não* — de uma forma positiva e construtiva. Pode ser útil, portanto, dizer algumas palavras, do meu ponto de vista, sobre a relação entre os três livros dos quais sou autor ou coautor, começando com o *Como Chegar ao Sim* (Imago, 2005).

Como Chegar ao Sim chega a seu vigésimo quinto aniversário neste mês. Roger Fisher e eu o escrevemos para falarmos sobre o desafio de disputas contenciosas e a necessidade crescente pela negociação cooperativa em casa, no trabalho e no mundo de um modo geral. Continua sendo considerado útil por um amplo público leitor ao redor do mundo.

Dez anos após a publicação de *Como Chegar ao Sim,* escrevi *Negocie para Vencer*, para talvez responder a pergunta mais comum feita pelos leitores do primeiro livro: "Claro, gostaria de chegar ao Sim, mas e se a resposta da outra pessoa é Não? E se eles não *querem* cooperar?". As pessoas querem saber como provocar a cooperação e sustentá-la face aos obstáculos aparentemente insuperáveis que enfrentamos todos os dias: ataques e contra ataques, raiva e suspeita, hábitos arraigados de negociações difíceis, interesses aparentemente irreconciliáveis e esforços para vencer por meio da intimidação e jogos de força.

Negocie para Vencer condensa o que aprendi em muitos anos de experiência como negociador e mediador numa ampla gama de situações de negócios, política e relacionamentos interpessoais, assim como da observação sistemática de negociadores bem-sucedidos nessas diferentes arenas. Existem inúmeras técnicas úteis, mas pode ser difícil para muitos lembrar técnicas em meio a uma negociação acalorada. Portanto, neste livro, tentei organizar aquilo que realmente funciona em uma ampla estratégia de 5 passos denominada Negociação Efetiva. É minha melhor resposta ao desafio de conquistar a cooperação em um mundo de diferenças significativas e marcantes.

Meu livro mais recente é *O Poder do Não Positivo* (Campus, 2007), cujo subtítulo é *Como Dizer Não e Ainda Chegar ao Sim.*

Foi escrito em resposta a outra "indústria em crescimento" — o aumento astronômico nas exigências feitas a cada um de nós na era atual de sobrecarga e de excesso de trabalho, de e-mails em constante expansão e de ética degradada.

Embora, em um primeiro momento, possa parecer que estou trabalhando com metas contraditórias por ensinar como dizer Não e como superar o Não, a verdade é que os princípios em *O Poder do Não Positivo* e em *Negocie para Vencer* são coerentes e mutuamente reforçadores. São consistentes também com os princípios de *Como Chegar ao Sim.*

Como Chegar ao Sim mapeia o caminho para o Sim, um acordo mutuamente satisfatório. *Negocie para Vencer* — este livro — demonstra como navegar por meio de obstáculos interpostos entre você e o Sim, uma vez que todos nós encontramos pessoas e situações difíceis todos os dias. *O Poder do Não Positivo* ensina como dizer Não quando é vital defender e proteger seus interesses e valores essenciais. Não se trata apenas de saber dizer Não, mas também de como fazer isso de um modo respeitoso e construtivo, potencializando um acordo. Como indicado pelo subtítulo do livro, trata-se de saber dizer Não e *ainda* chegar ao Sim.

Em última instância, todos os meus livros tratam de chegar ao Sim. Cada um de nós, muitas vezes por dia, enfrentamos a dança da negociação, a dança do Sim e Não. Por vezes estamos no papel da pessoa dizendo Não, e em outras no papel de quem está tentando superar o Não. Do mesmo modo que uma grande dança requer que ambos os dançarinos façam o seu melhor e que grandes jogos somente aconteçam quando ambos os times joguem o seu melhor, com a negociação não é diferente: as soluções e relacionamentos mais satisfatórios são obtidos quando ambos os lados estão se esforçando ao máximo para enfrentar os problemas reais que os dividem.

Por isso, embora cada um dos três livros possa ser lido de forma independente, eles são profundamente complementares, tanto que passei a considerá-los uma trilogia sobre as habilidades necessárias, na vida, para as negociações de sucesso. Se cada um de nós entrarmos numa negociação com a boa-fé de buscar o Sim, e aprendermos a dizer Não quando necessário e a ultrapassar o Não quando possível, nossas vidas serão mais felizes e prósperas, e o mundo será um lugar melhor.

Deixe-me encerrar dizendo que foi um prazer poder usar pessoalmente o método simples dos cinco passos descrito em *Negocie para Vencer* e testemunhar, há muitos anos agora, milhares de outras pessoas usando-o de forma efetiva. Espero que você, leitor, tenha muito sucesso em suas negociações futuras. Que este método para superar o Não possa verdadeiramente ajudar você, àqueles ao seu redor e ao mundo de modo geral!

William Ury
Setembro de 2006
Boulder, Colorado

PARTE I

Preparando-se

Introdução

Negociando com Pessoas Difíceis

Diplomacia é a arte de deixar que o outro faça o que você quer.

— Daniele Varè, diplomata italiano

Negociamos todos os dias. Muito do nosso tempo é usado para tentar chegar a um acordo com os outros. Tentamos negociar com cordialidade, mas frequentemente acabamos nos frustrando. Queremos chegar ao SIM, mas na maioria das vezes a resposta é NÃO.

O dia a dia é cheio de negociações. No café da manhã você entra em uma discussão com seu cônjuge a respeito da compra de um novo carro. Você acha que já está na hora de trocar o carro, mas seu cônjuge diz:

— Não seja ridículo! Você sabe que agora não temos dinheiro para isso.

Chegando ao trabalho, você tem uma reunião com o chefe. Você apresenta uma proposta muito bem planejada de um novo projeto, mas ele o interrompe após um minuto, dizendo:

— Nós já tentamos isso e não deu certo. Próximo item.

Na hora do almoço, você tenta devolver um forninho elétrico que veio com defeito, mas o vendedor se recusa a lhe devolver o dinheiro sem a apresentação da nota fiscal: "É norma da loja".

À tarde, você leva um contrato já combinado para um cliente assinar. Você já se vangloriou do contrato com seus colegas e tomou as providências necessárias junto à produção. Mas o cliente lhe diz: "Sinto muito. Meu chefe se recusa a autorizar a compra, a menos que vocês nos deem um desconto de 15%".

A caminho de casa você liga o rádio e fica sabendo que mais um avião foi sequestrado por terroristas que ameaçam matar todos os passageiros caso o governo se recuse a cumprir suas exigências. Você sente pena das famílias dos reféns, mas se pergunta em voz alta como é que alguém pode negociar com loucos.

À noite você precisa fazer algumas ligações, mas sua filha de 13 anos não sai do telefone. Muito nervoso, você pede a ela para largar o telefone, e ela grita: "Por que você não compra uma linha só para mim? Todas as minhas amigas têm sua própria linha". Você tenta argumentar, mas ela bate a porta.

Todos já tivemos de enfrentar negociações difíceis com um cônjuge irritado, um chefe intratável, um vendedor inflexível, um freguês astucioso ou um adolescente insuportável. Mesmo pessoas simpáticas e sensatas podem transformar-se em oponentes irritados e intratáveis sob pressão. As negociações podem ficar empacadas ou não dar em nada, consumindo nosso tempo, tirando-nos o sono e causando-nos úlcera.

Definida de forma ampla, a negociação é o processo de comunicação bilateral com o objetivo de chegar a um acordo com outros quando alguns de seus interesses são compartilhados e outros são opostos. A negociação não está limitada à atividade de sentar em uma mesa para discutir temas contenciosos;

ela é uma atividade informal empreendida sempre que você tenta obter algo que deseja de outra pessoa.

Pense por um momento em como você toma decisões importantes na sua vida — as decisões que têm os maiores impactos no seu desempenho no trabalho e na sua satisfação em casa. Quantas dessas decisões você pode tomar unilateralmente e quantas delas você precisa tomar de forma conjunta com outros — por meio da negociação? A maior parte das pessoas a quem faço essa pergunta responde: "Preciso negociar quase todas elas". A negociação é a principal forma de tomada de decisão, tanto na vida pessoal como na profissional.

A negociação é o meio mais importante de tomada de decisão na vida pública. Ainda que não estejamos presentes na mesa de negociações, o resultado delas afeta nossas vidas. Quando alguma conversa entre a diretoria de ensino e o sindicato dos professores sai de controle e professores entram em greve, nossas crianças acabam ficando fora da escola. Quando as negociações entre nossa empresa e potenciais compradores fracassam e o negócio vai à falência, podemos perder nossos empregos. Quando discussões entre nosso governo e seus adversários não chegam a nenhum consenso, o resultado pode ser uma guerra. Resumindo, as negociações moldam nossas vidas.

Resolvendo Problemas em Conjunto

Talvez todos sejamos negociadores, ainda assim, muitos não gostam de negociar. Enxergamos a negociação como uma confrontação estressante. Defrontamo-nos com uma escolha desagradável. Se somos "delicados" para preservar o relacionamento, acabamos por abrir mão de nossa posição. Se somos "firmes" para prevalecer em nosso posicionamento, abalamos o relacionamento ou o perdemos completamente.

Há uma alternativa: a resolução conjunta de problemas. Essa não é nem exclusivamente delicada nem firme, mas uma combinação de ambos. É *delicada com as pessoas, e firme com o problema.* Em vez de atacarmos uns aos outros, atacamos conjuntamente o problema. Em vez de fulminarmos um ao outro na mesa de negociação, sentamo-nos lado a lado, enfrentando um problema comum. Em resumo, transformamos o confronto lado a lado, enfrentando um problema comum. Em resumo, transformamos o confronto face a face na solução conjunta de problemas. Esse é o tipo de negociação que Roger Fisher e eu descrevemos há mais de uma década no livro *Como Chegar ao Sim.*

A solução conjunta de problemas é centrada em *interesses* em vez de posicionamentos. Começa-se identificando os interesses de cada lado — as preocupações, necessidades, medos e desejos que permeiam e motivam suas posições contrárias. Explora-se, então, diferentes opções para atender esses interesses. O objetivo é atingir um acordo mutuamente satisfatório de um modo eficiente e amigável.

Se você busca uma promoção e um aumento, por exemplo, e seu chefe afirma não haver orçamento, a negociação não para por aí. Ela se torna um exercício de solução conjunta de problemas. Seu chefe pergunta sobre seus interesses, que podem ser pagar a mensalidade da escola dos seus filhos e crescer no seu emprego. Juntos, vocês fazem um *brainstorm* sobre como satisfazer esses interesses sem sair do orçamento. Você pode concordar em assumir novas responsabilidades, a receber um empréstimo da empresa para custear a mensalidade e a promessa de um aumento no ano seguinte para pagar o empréstimo. Seus interesses básicos são atendidos; e também são atendidos os de seu empregador.

A solução conjunta de problemas pode gerar melhores resultados para ambos os lados, além de economizar tempo e energia ao eliminar os embates, normalmente levando a melhores relacionamentos de trabalho e a ganho mútuo futuro.

Cinco Barreiras à Cooperação

Os céticos são rápidos em apontar que isso é fácil falar, mas difícil de fazer. Dizem que os princípios da solução conjunta de problemas são como os votos matrimoniais de apoio mútuo e fidelidade: indubitavelmente, eles produzem relacionamentos mais satisfatórios, mas são de aplicação difícil em um mundo real de estresse e tensão, de tentações e tempestades.

Inicialmente, você pode tentar fazer com que seu oponente enfrente o problema conjuntamente e, ao invés disso, você acabe se vendo em um confronto face a face. É bastante fácil se ver envolvido em uma feroz batalha emocional, retrocedendo à rotina familiar de adotar posições rígidas, ou de permitir que o oponente se aproveite de você.

Existem barreiras do mundo real no caminho da cooperação. As cinco mais comuns são:

Sua reação. A primeira barreira está em você mesmo. Seres humanos são programados para reagir. Quando você está sob estresse, quando se depara com um NÃO, ou quando se sente atacado, a reação natural é contra-atacar. Comumente, isso apenas perpetua o ciclo de ação-reação, resultando em perda para os dois lados. Alternativamente, pode-se reagir impulsivamente e ceder na negociação meramente para por fim a ela e preservar o relacionamento. Você perde e, demonstrando sua fraqueza, expõe-se à exploração. O problema que enfrenta então nas negociações não é apenas o comportamento difícil do oponente, mas sua própria reação, que facilmente pode perpetuar aquele comportamento.

As emoções dos outros. A barreira seguinte são as emoções negativas do oponente. Por trás dos ataques deles pode haver raiva e hostilidade. Medo e desconfiança podem estar por trás das posições rígidas. Convencidos de que estão certos e de que você está errado, podem se recusar a escutar. Enxergando um mundo de "comer ou ser comido", podem se sentir justificados na utilização de táticas desagradáveis.

A posição dos outros. Na solução conjunta de problemas, esses são enfrentados e atacados em conjunto. A barreira no caminho é o comportamento do oponente em relação à posição: o hábito de fincar o pé em uma posição e de tentar fazer com que você ceda. Frequentemente, eles não conhecem outro modo de negociar, e estão simplesmente usando as táticas de negociação convencionais aprendidas ainda no berço. Do ponto de vista deles, a única alternativa é que eles cedam — e eles certamente não querem fazer isso.

A insatisfação dos outros. Seu objetivo pode ser o de alcançar um acordo mutuamente satisfatório, mas você pode descobrir que o oponente não está tão interessado assim nesse desfecho. Eles podem não enxergar como isso seria benéfico para eles. Ainda que consiga satisfazer os interesses deles, podem temer ser humilhados caso tenham que recuar. E se o acordo for sua ideia, podem rejeitá-lo por essa simples razão.

O poder dos outros. Finalmente, se o oponente enxerga a negociação como uma proposta ganho-perda, ficarão determinados a derrotá-lo. Podem ser guiados pelo preceito "O que é meu é meu. O que é seu é negociável." Se eles podem conseguir o que querem por meio de jogos de poder, por que deveriam cooperar com você?

O Objetivo: SOLUÇÃO CONJUNTA DE PROBLEMAS	BARREIRAS À COOPERAÇÃO	Estratégia: *NEGOCIAÇÃO BREAKTHROUGH*
• Sentar Lado a Lado	• Sua Reação • As Emoções dos Oponentes	• Saia de Cena • Passe para o Lado Dele
• Enfrentar o Problema	• A Posição dos Oponentes	• Reformule
• Atingir um Acordo Mutuamente Satisfatório	• A Insatisfação dos Outros • O Poder dos Oponentes	• Construa uma Ponte Dourada Para seu Oponente • Faça-o Cair em Si, Não de Joelhos

A superação do não requer a ruptura de cada uma dessas cinco barreiras à cooperação: sua reação, a emoção, a posição, a insatisfação e o poder dos outros. É fácil acreditar que protelação, ataques e truques são meramente parte da natureza básica do lado oposto, e que há pouco a fazer para modificar esses comportamentos difíceis. Mas você pode afetar esses comportamentos se lidar de forma bem sucedida com as motivações a eles subjacentes.

A Estratégia *Breakthrough*

Este livro apresenta uma estratégia de cinco passos para romper cada uma dessas cinco barreiras — a estratégia da *negociação breakthrough*.

Uma analogia náutica vai ajudar a explicar essa estratégia.

Na navegação, raramente se atinge o destino por meio de uma trajetória direta. Entre você e seu objetivo estão fortes ventos e marés, recifes e cardumes, além de tempestades e vendavais repentinos. Para chegar aonde deseja ir, é necessário virar de bordo — ziguezagueando até atingir seu destino final.

O mesmo vale no mundo da negociação, e sua destinação desejada é um acordo mutuamente satisfatório. A rota direta — focando primeiramente nos interesses e então desenvolvendo opções que possam satisfazê-los — parece simples e fácil. Mas no mundo real de reações e emoções intensas, de posicionamentos rígidos, de insatisfações poderosas e de agressão, é frequente não ser possível atingir um acordo mutuamente satisfatório por meio de uma rota direta. Ao invés disso, é necessário navegar e contornar o não — traçando uma rota indireta.

A essência da estratégia *breakthrough* é a *ação indireta.* Isso requer que você faça o oposto do que naturalmente deseja fazer em situações difíceis. Quando o lado oposto protela ou ataca, você pode sentir vontade de devolver na mesma moeda. Confrontado com hostilidade, você pode querer discutir. Posicionamentos irracionais podem provocar rejeição. Intransigência pode gerar insistência. Confrontado com agressão, pode querer intensificar o confronto. Mas isso apenas faz com que fique frustrado, entrando no jogo do oponente e obedecendo às regras *deles*.

Sua maior e melhor oportunidade como negociador decorre de *mudar o jogo.* Em vez de jogar pelas regras deles, faça com que joguem pelas *suas* regras — pelas regras da solução conjunta de problemas. O grande rebatedor Sadahara Oh, o equivalente japonês de Babe Ruth, uma vez explicou o segredo de suas rebatidas. Oh afirmou que encarava o lançador adversário como seu *parceiro,* o qual, a cada lançamento, apresentava a ele uma *oportunidade* de fazer um *home run*. Os negociadores *breakthrough* fazem o mesmo: eles tratam seus oponentes como parceiros de negociação que apresentam oportunidades para um acordo mutuamente satisfatório.

Como nas artes marciais japonesas do judô, jiu-jítsu, e aiquidô, você precisa evitar aplicar suas forças em direta oposição a seus oponentes. Uma vez que os esforços para derrubar a resistência do lado oposto normalmente resultam em seu reforço, você tenta contornar a resistência deles. Esse é o modo de romper com ela.

A negociação *breakthrough* é oposta à imposição de uma posição sobre o lado oposto. Em vez de impor uma nova ideia do exterior, encoraja-se que ela surja do interior. Em vez de dizer a eles o que fazer, você permite que eles cheguem a essa conclusão por conta própria. No lugar de pressioná-los a mudar de ideia, cria-se um ambiente em que eles possam aprender. Somente *eles* podem romper sua própria resistência; *seu* trabalho é *ajudá-los.*

A resistência à solução conjunta de problemas deriva das cinco barreiras descritas acima. O seu trabalho como um negociador *breakthrough* é ultrapassar as barreiras interpostas entre o NÃO e o SIM de um acordo mutuamente satisfatório. Para cada uma das cinco barreiras, existe um passo correspondente na estratégia:

Passo Um. Uma vez que a primeira barreira é sua reação natural, o primeiro passo envolve a suspensão dessa reação. Para se envolver na solução conjunta de problemas, é necessário retomar o equilíbrio mental e concentrar-se para atingir o que você quer. Uma imagem útil que permite adquirir perspectiva da situação é imaginar-se numa varanda, com uma visão superior da sua negociação. O primeiro passo da estratégia *breakthrough* requer que se *Saia de Cena.*

Passo Dois. A próxima barreira a ser superada são as emoções negativas do lado oposto — a resistência, o medo, a suspeita e a hostilidade. É muito fácil ser arrastado para uma discussão, mas você precisa resistir à tentação. À medida que recuperar seu equilíbrio mental, precisa ajudar os oponentes a recuperar o *deles*. Para criar um clima propício à solução conjunta de problemas, é necessário neutralizar as emoções negativas. Para conseguir isso, é necessário fazer o oposto do esperado. Espera-se que você se comporte como um adversário. No lugar disso, você deve se colocar no lugar deles e escutá-los, reconhecendo seus pontos de vista e sentimentos, concordando com eles e mostrando-lhes respeito. Se espera sentar-se lado a lado com eles, enfrentando o problema, é preciso que *Passe para o Lado Dele.*

Passo Três. Agora vocês querem enfrentar o problema juntos. Isso é difícil de ser feito, sobretudo quando o oponente fica firme em sua posição e tenta fazer com que você ceda. É natural o impulso de rejeitar a posição deles, mas isso somente fará com que fiquem mais firmes. Então faça o oposto. Aceite o que eles disserem e reformule como uma tentativa de lidar com o problema. Por exemplo, assuma a posição deles, questionando-a de dentro: "Fale mais sobre isso. Ajude-me a entender *porque* você quer isso." Aja como se eles fossem parceiros com interesse genuíno na solução do problema. Em terceiro, como passo na estratégia *breakthrough*, *Reformule.*

Passo Quatro. Enquanto você pode ter conseguido envolver o oponente na solução conjunta de problemas, você pode ainda estar distante de um acordo mutuamente satisfatório. Seu oponente pode estar insatisfeito, pode faltar convencimento quanto aos benefícios do acordo. Ainda que o impulso seja o de pressioná-los, saiba que isso simplesmente vai torná-los mais resistentes. Por isso, faça o contrário. Nas palavras da sabedoria chinesa, "construa uma ponte dourada" desde a posição deles até a solução mutuamente satisfatória. É necessário percorrer a distância entre os interesses deles e os seus. É necessário preservá-los de qualquer constrangimento, fazendo-os parecer vitoriosos com o desfecho. O quarto passo é *Construa uma Ponte Dourada para Seu Oponente.*

Passo Cinco. Apesar de seus melhores esforços, seu oponente ainda assim pode se recusar a cooperar, acreditando que podem derrotá-lo no jogo de poder. A este ponto, você pode ficar tentado a escalar. Ameaças e coerção frequentemente têm o efeito oposto do desejado, no entanto, e levam a batalhas custosas e infrutíferas. A alternativa é não usar o poder para escalar, mas para educar. Aumente seu poder de negociação e use isso para fazer com que voltem à mesa de negociações. Mostre a eles que não podem vencer sozinhos, mas somente em conjunto. O quinto passo é *Faça-o Cair em Si, Não de Joelhos.*

A sequência dos passos é importante. Você não pode neutralizar as emoções negativas de seu oponente a menos que tenha controlado as suas próprias emoções. É difícil construir uma ponte dourada a menos que tenha alterado o jogo para a solução conjunta de problemas. Isso não significa que uma vez que tome o primeiro passo, tudo esteja concluído. Ao contrário, você precisa continuar saindo de cena ao longo de todo o processo de negociação. À medida que a raiva e a frustração do oponente ressurgem, é necessário continuar conectado a eles. O processo é como uma sinfonia em que os diferentes instrumentos se unem em sequência, cada um desempenhando seu papel.

A negociação *breakthrough* pode ser usada com qualquer um — um chefe irascível, um adolescente temperamental, um colega de trabalho hostil, ou um cliente impossível. Pode ser usada ainda por diplomatas tentando impedir uma guerra, advogados tentando evitar uma batalha judicial custosa, ou esposas tentando manter um casamento.

Cada pessoa e cada situação são diferentes, por isso você vai precisar combinar os cinco princípios de *breakthrough* com seu próprio conhecimento dos detalhes para criar a estratégia que melhor atende suas necessidades. Não há receita mágica que garanta o sucesso em cada negociação. Mas com paciência, persistência, *e* a estratégia *breakthrough*, você pode maximizar suas chances de conseguir o que quer até mesmo nas negociações mais difíceis.

Os capítulos seguintes explicam os cinco passos da negociação *breakthrough* e apresentam técnicas específicas para executá-los, ilustrando sua aplicação com exemplos concretos. Em primeiro lugar, no entanto, você encontrará um prólogo sobre a chave para a negociação efetiva: a preparação.

Prólogo

Preparação, Preparação, Preparação

Perguntei uma vez a Lord Caradon, um diplomata britânico, qual era a lição mais valiosa que havia aprendido durante longos e notáveis anos de serviço no governo. "A lição mais valiosa", ele respondeu, "aprendi logo no começo da minha carreira, quando fui enviado para o Oriente Médio como adjunto do administrador local. Meu superior visitava um vilarejo diferente a cada dia, lidando com conflitos e outros assuntos urgentes. Em uma dessas vezes, foi o caos, pois as pessoas o cercavam com solicitações, oferecendo café. E não cessou até que ele partiu, ao entardecer. Ele facilmente poderia ter esquecido seus objetivos, se não fosse por um hábito simples. Assim que entrava no vilarejo pela manhã, ele encostava o jipe na beira da estrada e perguntava, 'O que queremos atingir até hoje à noite antes de deixar este vilarejo?' Ambos respondíamos a questão e então entrávamos no vilarejo. Quando o deixávamos ao anoitecer, ele novamente encostava o jipe na beira da estrada e perguntava: 'Nós conseguimos? Conseguimos o que nos propusemos a fazer?'".

Esse exercício mental simples foi a lição mais importante que Caradon aprendeu. Antes de cada reunião, prepare-se. Depois de cada reunião, avalie seu progresso, ajuste sua estratégia, e prepare-se novamente. O segredo da negociação eficaz é realmente simples: preparação, preparação, preparação.

A maior parte das negociações é vencida ou perdida antes mesmo de a conversa ter início, pois depende de como foi a preparação. As pessoas que acham que podem "improvisar", sem se preparar, frequentemente percebem estarem redondamente enganados. Ainda que cheguem a um acordo, podem perder oportunidades de ganho conjunto com as quais poderiam ter se deparado na preparação. Não há substituto para a preparação eficaz. Quanto mais difícil a negociação, mais intensiva precisa ser a preparação.

Quando se trata de se preparar, muitas pessoas demonstram desânimo, dizendo: "Mas não posso perder tempo me preparando". O tempo de preparação tende a ser o último item na lista de "coisas a fazer". Sempre parece haver uma ligação urgente a retornar, uma reunião importante a participar ou uma crise doméstica a administrar.

A verdade é que você não pode se dar ao luxo de não se preparar. Aproveite essa oportunidade mesmo que isso signifique menos tempo na negociação em si. As negociações seriam muito mais eficazes se as pessoas dedicassem mais de seu tempo limitado na preparação, e menos, de fato, em reuniões.

É verdade que a maior parte de nós opera com restrição de tempo relativamente severa. As diretrizes da preparação delineadas abaixo levam isso em conta, podendo ser cumpridas em menos de quinze minutos.[1] Se você quer uma regra, considere preparar-se cerca de um minuto para cada minuto de interação com o oponente.

Como você deve se preparar? Quando você embarcar numa negociação, assim como numa viagem, um bom mapa é artigo de primeira necessidade.

1 Para uma preparação rápida, incluímos uma Folha de Preparação no Apêndice.

Mapeando o Caminho para um Acordo

Há cinco pontos importantes no caminho para um acordo mutuamente satisfatório: *interesses*, *opções* para satisfazer esses interesses, *padrões* para resolver diferenças de modo justo, *alternativas* à negociação e *propostas* de acordo.

1. Interesses

Uma negociação tipicamente começa quando o posicionamento de um lado está conflitante com o de seu oponente. Em um processo de barganha convencional, seu posicionamento pode ser tudo que precisa saber com antecedência. Mas a solução conjunta de problemas gira em torno dos interesses permeando os posicionamentos de ambos os lados. A distinção é fundamental: seu posicionamento é composto do que, concretamente, você diz querer — os dólares e centavos, os termos e condições. Seus interesses são as motivações intangíveis subjacentes a tal posicionamento — suas necessidades, desejos, preocupações, medos e aspirações. De modo a atingir um acordo que satisfaça ambos os lados, você precisa começar pela descoberta dos interesses de cada lado.

Descubra seus interesses. A menos que você saiba aonde quer ir, é pouco provável que chegue lá. Numa negociação com um cliente difícil que insiste em não reajustar o valor por seus serviços mesmo com trabalho adicional imprevisível sendo necessário, seu posicionamento pode ser, "Quero um aumento de 30 por cento nos honorários para refletir o trabalho adicional." Seus interesses ao querer o aumento de seus honorários podem ser preservar sua margem de lucro e ainda manter seu cliente feliz. Descobrir seus interesses pode começar com a pergunta *Por quê?*: "Por que quero aquilo? Que problema tento resolver?".

É importante classificar seus interesses em ordem de prioridade, de modo que você não cometa o erro comum de negociar um interesse importante por um menos importante. Se o relacionamento com o cliente promete ser lucrativo, você pode querer torná-lo uma prioridade. Seu interesse no lucro imediato do projeto pode vir em segundo lugar, e em terceiro pode estar evitar estabelecer um precedente de fazer hora extra sem receber por isso.

Descubra os interesses do lado oposto. A negociação é uma via de mão dupla. Você normalmente não pode satisfazer *seus* interesses a menos que também satisfaça os do lado oposto. Por isso, entender os interesses do lado oposto é tão importante quanto entender seus próprios interesses. Seu cliente difícil pode estar preocupado em obedecer a um orçamento estabelecido e ficar bem aos olhos de seu chefe.

Lembro de uma vez que meu tio Mel veio me visitar em meu escritório na Faculdade de Direito em Harvard quando ele voltou ao campus para a reunião de 25 anos de formatura dele. Em determinado momento ele me chamou de lado e disse: "Sabe, Bill, levei 25 anos para desaprender o que aprendi em Harvard na Faculdade de Direito: que o mais importante na vida são os *fatos* — quem está certo e quem está errado. Levei 25 anos para aprender que tão importante quanto os fatos, se não mais importante, é a *percepção* das pessoas desses fatos. A menos que você entenda a perspectiva delas, você jamais será eficaz ao fazer acordos ou dirimir disputas."

A habilidade mais importante na negociação é a de se colocar no lugar de quem está do lado contrário. Se você está tentando modificar o modo de eles pensarem, precisa começar entendendo o que estão pensando.

Como você pode aprender sobre os interesses do lado contrário? Tente um simples exercício de imaginar, do ponto de vista *deles*, o que parece ser mais importante. Então façam a pergunta: Eles frequentemente se comportam de modo difícil ou isso é uma aberração temporária? O que pode estar ocorrendo na vida pessoal deles que pode estar afetando a atitude deles em relação a você? Eles têm reputação de honestidade e tratamento justo? Se você tiver tempo, pode conversar com conhecidos deles — amigos e colegas, cliente e empregados. Quanto mais puder descobrir sobre o lado contrário, melhores as chances de influenciá-los com sucesso.

2. Opções

O propósito de identificar os interesses de cada lado é ver se você pode desenvolver opções criativas para satisfazê-los. Uma opção é um possível acordo ou parte de um acordo. Inventar opções de ganho mútuo é a melhor oportunidade de um negociador. Negociadores eficazes não dividem simplesmente o bolo; eles tentam explorar a possibilidade de fazê-lo crescer primeiro.

Enquanto pode não ser possível obter tudo que gostaria, frequentemente é possível satisfazer interesses. Você pode não ser bem-sucedido na obtenção de um aumento de 30% nos honorários, mas pode pensar numa opção que permita que tenha lucro no projeto e seu cliente permaneça satisfeito. Você poderia transferir uma parte do trabalho necessário para funcionários do seu cliente? Você poderia estender o projeto até o ano fiscal seguinte, de modo que os custos adicionais saíssem do novo orçamento? Poderia reduzir os lucros neste ano em troca de um compromisso específico com uma obra futura? Você poderia demonstrar ao cliente que o trabalho adicional resultará em substancial economia, parte da qual poderia ser usada para custear o trabalho extra?

Um erro comum em negociações é insistir numa única solução: sua posição inicial. Ao se permitir considerar uma variedade de opções, você pode gerar novas possibilidades e uma delas pode atender seus interesses e ainda satisfazer aqueles do lado oposto.

O maior obstáculo no caminho da geração de opções criativas é uma voz na sua cabeça que sempre está dizendo "Não vai funcionar!" Enquanto criticar e avaliar sejam funções importantes, elas interferem com sua imaginação. É melhor separar as duas funções. Invente primeiro, avalie depois. Suspenda o julgamento por alguns minutos e tente pensar no maior número de ideias possível. Inclua ideias que a princípio pareçam malucas, lembrando que muitas das melhores ideias do mundo começaram como ideias extravagantes que todos desacreditavam. Depois de ter um *brainstorming* de múltiplas opções, você pode revisá-las e avaliar qual satisfaz seus interesses da melhor maneira – assim como o lado oposto faz.

3. Padrões

Uma vez que tenha aumentado o bolo, você precisa pensar em como dividi-lo e como selecionar uma opção de modo conjunto com o oponente se seus interesses são opostos. Seu cliente quer pagar menos pelo seu trabalho; você gostaria que pagassem mais. Como resolver a questão?

Talvez o método mais comum seja uma disputa de vontades, com cada lado insistindo em sua posição, tentando fazer com que o outro ceda. O problema é que ninguém gosta de ceder. Uma batalha de vontades com frequência se torna uma batalha de egos. A pessoa que eventualmente cede vai se lembrar disso e tentar igualar o placar da próxima vez — *se* houver uma próxima vez.

Negociadores de sucesso desarmam batalhas de vontades ao transformá-las num processo conjunto de busca por uma solução justa e mutuamente satisfatória. Dependem extremamente de padrões de justiça independentes da vontade de cada lado. Um padrão independente é um fator de comparação que permite decidir o que constitui uma solução justa. Padrões comuns são valor de mercado, tratamento igualitário, a lei, ou simplesmente o modo pelo qual o assunto foi resolvido anteriormente.

A grande virtude de padrões é que, em vez de um lado ceder ao outro em um ponto específico, ambos podem deferir para o que parece justo. É mais fácil para seu cliente aceitar um padrão como um valor de mercado do que pagar um honorário simplesmente porque *você* disse que é isso que cobra.

Por isso, pense de antemão que padrões poderiam nortear sua negociação. Pesquise valores de mercado, critérios científicos, custos, medidas técnicas e precedentes. Esteja armado para persuadir.

4. Alternativas

As pessoas, com muita frequência, entram numa negociação buscando acordo e examinam suas alternativas somente se as coisas derem errado. É um erro clássico. Saber quais são suas alternativas pode determinar seu sucesso na satisfação de seus interesses.

O propósito da negociação *nem sempre* é chegar a um acordo, pois o acordo é apenas o meio para atingir um fim, e esse fim é a satisfação de seus interesses. O propósito da negociação é explorar se você pode melhor satisfazer seus interesses por meio de um acordo do que seria possível pela busca da BATNA.[2]

A BATNA é sua saída alternativa. É seu melhor curso de ação para satisfazer seus interesses *sem* a concordância

---

2 BATNA – Best Alternative to a Negotiated Agreement (Melhor Alternativa à Negociação de um Acordo). N.E.

do oponente. Se você está negociando um aumento com seu chefe, a BATNA pode ser encontrar um emprego em outra empresa. Se está negociando com um vendedor, a BATNA pode ser conversar com o gerente, ou, se isso falhar, você pode procurar outra loja. Se um país negocia com outro sobre práticas de comércio abusivas, a BATNA pode ser apelar para o tribunal internacional adequado. Normalmente, recorrer à alternativa implica custos para você e também para o relacionamento que mantém, motivo pelo qual o desenvolvimento de uma solução melhor é negociado.

A BATNA é a chave para mais poder de negociação. Seu poder depende menos do fato de você ser maior, mais forte, mais experiente ou mais rico que a outra pessoa do que da qualidade da sua BATNA. Se você tem uma alternativa viável, você tem alavancagem na negociação. Quanto melhor a sua BATNA, mais poder você tem.

Identifique sua BATNA. A BATNA que você tem deveria ser sua base de comparação ao avaliar qualquer acordo potencial. Para identificar a BATNA, você deveria considerar três tipos de alternativas. Primeiro, o que você pode fazer por conta própria para atender seus interesses? Sua "saída", alternativa pode ser encontrar outro fornecedor se você for comprador ou outro cliente se você for vendedor.

Segundo, o que você pode fazer diretamente para seu oponente de modo que respeitem seus interesses? Sua alternativa "interativa" pode ser entrar em greve ou ir à guerra. Terceiro, como você pode incluir um terceiro na situação de modo a promover seus interesses? Sua alternativa com "terceiros" pode ser recorrer à mediação, à arbitragem, ou aos cortes. Depois de gerar uma série de alternativas possíveis, selecione aquela que tem maior probabilidade de satisfazer seus interesses.

Mantenha a BATNA na manga. Quando estiver sob um ataque mais pesado e estiver em pânico, você pode apalpar o bolso e dizer a si mesmo "Estou bem se isto não sair bem."

Estimule a BATNA. Uma boa BATNA usualmente não existe de antemão; ela precisa ser desenvolvida. Se a BATNA não é muito forte, você deveria tentar melhorá-la. Por exemplo, não identifique a BATNA simplesmente como a procura de outro emprego na mesma indústria. Dê-se ao trabalho de conseguir efetivamente uma oferta de emprego. Se está vendendo sua casa, não pare de mostrá-la simplesmente porque uma pessoa indicou estar interessada; continue a procurar outros compradores potenciais. Se sua empresa corre o risco de uma incorporação forçada, procure compradores amigáveis ou considere a possibilidade de pedir um empréstimo para tornar sua empresa privada novamente.

Decida se você deve negociar. Uma vez formulada a BATNA, você deveria se perguntar "Eu deveria negociar?". Você já se perguntou por que algumas pessoas continuam tentando negociar com um chefe abusivo quando já deveriam ter saído do emprego? Ou por que pais frustrados continuam a fazer acordos com seus filhos adolescentes rebeldes, sendo que cada pacto não sobrevive mais que o anterior? Hábito, culpa, autorrecriminação e medo podem ser as razões, mas frequentemente a razão central é que o empregado ou os pais perderam de vista sua melhor alternativa. Se pensassem nisso, poderiam descobrir que existia um modo melhor de satisfazer seus interesses que não dependia de negociação com seus oponentes.

Talvez a sua BATNA *seja* melhor do que qualquer acordo a que se pudesse chegar com uma outra pessoa. Lembre, também, que o processo de negociação em si não é livre de custos. Ele pode tomar muito tempo e esforço, e ao longo desse tempo suas alternativas restantes podem evaporar. Sua decisão de negociar deve ser cuidadosamente considerada.

Tenha em mente que é muito fácil superestimar quão boa BATNA é. Muitos executivos, ao escutar conselhos de advogados muito confiantes, evitaram negociações e levaram disputas para os tribunais, somente para se verem a caminho da ruína financeira. Em qualquer processo judicial, greve ou guerra, um dos lados — e frequentemente ambos — descobrem que sua BATNA não era tão boa quanto imaginavam. Sabendo de antemão que sua alternativa não é atraente, deveria se esforçar ao máximo para chegar a um acordo.

Identifique a BATNA do seu oponente. Conhecer a BATNA do lado oposto pode ser tão importante quanto conhecer a sua. Isso permite que tenha uma ideia do desafio a ser enfrentado: desenvolver um acordo que seja superior a melhor alternativa deles. Isso ajuda a evitar os erros de subestimar e de superestimar quão boa ela é. A BATNA pode ser fraca, mas a de seu oponente pode ser igualmente fraca. Muitos vendedores e consultores estão convencidos de que seus clientes podem simplesmente fazer a transição para a competição num instante. Eles frequentemente não conseguem apreciar os custos verdadeiros de trocar de vendedores. Um olhar objetivo na BATNA de seus clientes pode lhes dar mais confiança em negociações difíceis.

Se a BATNA do lado oposto é usar coerção, você pode se preparar com antecedência para combater isso. Se a sua empresa está em risco de uma aquisição hostil, por exemplo, você pode aprovar estatutos sociais de modo a tornar a aquisição hostil mais difícil. Pense em como neutralizar o efeito das ações coercivas do lado oposto em você.

5. Propostas

Seu trabalho sobre interesses e opções permite que haja uma solução criativa para o problema. Seu trabalho sobre padrões justos e alternativas te ajuda a selecionar uma opção apropriada e moldada em uma proposta para um possível acordo.

Para formular uma proposta sólida, deve ser selecionada uma opção que melhor satisfaça seus interesses, certamente melhor do que a BATNA poderia. A opção também deve contemplar os interesses do lado oposto melhor do que a BATNA, e deve ser baseada, se possível, em padrões justos. O que distingue a proposta de uma opção simples é comprometimento: uma proposta é um possível acordo para o qual você está pronto a dizer sim.

É claro que pode haver mais de um possível acordo que atenda a todos os critérios. De fato, é útil ter três propostas em mente:

A que você aspira? Muitos de nós adotamos objetivos modestos, esperando evitar o "fracasso." Infelizmente, aspirações mais baixas tendem a ser autorrealizáveis. Se você não pede, é pouco provável que o lado oposto dê a você. Não é surpresa que aqueles que começam com aspirações realisticamente elevadas frequentemente acabem com acordos melhores, mas quão realista são essas aspirações? "Realista" significa dentro dos limites estabelecidos pela justiça e pela melhor alternativa do lado oposto. Mire alto.

Por isso comece com a pergunta: "A que acordo eu aspiro? O que genuinamente satisfaria meus interesses e, ao mesmo tempo, atenderia preocupações suficientes do lado oposto de modo que haveria pelo menos uma chance de concordarem?".

O que deixaria você feliz? Frequentemente não é possível conseguir tudo que se gostaria. Por isso, é útil que se faça uma segunda pergunta: "Que acordo, talvez bastante aquém da perfeição, ainda assim satisfaria meus interesses básicos o suficiente para me deixar feliz?".

Com o que você se sentiria satisfeito? A terceira proposta deveria se basear diretamente em sua avaliação da sua BATNA: "Qual acordo satisfaria meus interesses, pelo menos um pouco melhor que meu BATNA? Que acordo eu suportaria, mas apenas por pouco?". Se no final você não pode obter um acordo pelo menos tão bom quanto isso, você deveria considerar sair da mesa de negociações e adotar outra alternativa. Esta proposta funcionará como um fio partido, como um lembrete de que está em risco de aceitar um acordo que é pior para você que seu BATNA. Pense nessas três propostas não como posições rígidas, mas como ilustrações concretas dos tipos de desfechos que poderiam satisfazer seus interesses. Não há como ter certeza de que seu oponente concordará com suas propostas. E você pode aprender algo no curso das negociações, permitindo que pense numa solução melhor ainda, atendendo tanto seus interesses como os do lado oposto.

Ensaie

A preparação é mais fácil quando se está falando com outra pessoa. Outros trazem novas perspectivas, compelindo-o a tratar de pontos difíceis que você evitaria, e oferecer apoio moral. Por isso, pense em marcar uma sessão de preparação com um colega ou um amigo; assim você terá a vantagem adicional da garantia de que você se preparou.

Na sua sessão, considere ensaiar o que vai dizer para o lado oposto e como você responderá ao que eles disserem. Afinal de contas, advogados ensaiam para casos difíceis, políticos ensaiam para entrevistas desafiadoras, executivos ensaiam para apresentações complicadas a *stockholders* — por que você não deveria ensaiar para uma negociação dura? O melhor lugar para cometer erros é ensaiando com um amigo ou colega, e não negociando de verdade.

Por isso, peça a seu colega que desempenhe o papel do lado oposto por alguns minutos e teste seu poder de persuasão, focando nos interesses, opções e padrões. Depois que tiver terminado, peça a seu colega para dizer o que funcionou e o que não funcionou. Como foi ouvir suas palavras? O que deveria fazer diferente? E então tente novamente até que você acerte. Se você não tem um colega ou amigo com quem ensaiar, tente escrever o que você planeja dizer e ensaie sozinho.

Antecipe as táticas a serem utilizadas por seu oponente e pense de antemão em como responder a elas. Tendo se preparado com antecedência, é menos provável que seja pego de surpresa. Ao invés disso, você pode dizer para si mesmo "Ah! Sabia que isso ia acontecer" e responder o que havia preparado. Esse é o valor da preparação.

Preparando-se para Navegar

Idealmente, a negociação seria conduzida do mesmo modo em que havia se preparado. Você começaria explorando interesses, tentando entender com o que cada lado está preocupado. Então várias opções seriam discutidas sem compromisso, verificando se você poderia genuinamente satisfazer ambos os lados. Você consideraria padrões diferentes de justiça para reconciliar suas diferenças. Finalmente, você trocaria propostas num esforço de atingir um acordo mutuamente satisfatório que, de qualquer modo, é melhor para cada lado do que recorrer à BATNA.

No mundo real, entretanto, seus esforços para empenhar-se na solução conjunta de problemas enfrenta reações poderosas, emoções hostis, posições rígidas, insatisfações intensas, e jogadas de poder agressivas. Seu desafio é mudar o jogo do confronto face a face para a solução conjunta de problemas, transformando seu oponente em um parceiro de negociação. Agora que você tem um bom mapa de onde deseja ir, é preciso usar a estratégia *breakthrough* para navegar entre os obstáculos que permanecem em seu caminho. Os próximos cinco capítulos pretendem prepará-lo para navegar.

PARTE II

Usando a Estratégia *Breakthrough*

ETAPA 1

Não Reaja

Saia de Cena

Fale quando estiver irritado e terá feito um pronunciamento do qual se arrependerá amargamente.

Ambrose Bierce

Se você observar as negociações que transcorrem a sua volta, verá inúmeros exemplos de casos em que as pessoas reagem umas às outras sem pensar. Eis um exemplo típico:

Marido (achando que está focalizando o problema):

— Meu bem, precisamos dar um jeito na casa. Está uma bagunça danada.

Mulher (encarando a observação como um ataque pessoal)

— Você não mexe um dedo! Você não faz nem as coisas que promete. Ontem à noite...

Marido (interrompendo):

— Eu sei. Eu sei. É que eu...

Mulher (sem escutar):

— ...você disse que ia levar o lixo para fora. Mas quem acabou levando o lixo fui eu, hoje de manhã.

MARIDO (tentando voltar ao principal):

— Não fique na defensiva. Eu só estava tentando mostrar que nós dois...

MULHER (sem escutar):

— E era sua vez de levar as crianças para a escola.

MARIDO (reagindo):

— Essa não! Eu lhe disse que tinha uma reunião de manhã cedo.

MULHER (começando a gritar):

— Ah, quer dizer então que seu tempo é mais importante que o meu, não é? Eu também tenho meu trabalho! Estou farta de estar sempre em segundo plano.

MARIDO (começando a gritar):

— Não me enche o saco! Quem é que paga quase todas as contas nesta casa?!

Esse tipo de diálogo não favorece nem o interesse do marido, que quer ter uma casa arrumada, nem o da mulher, que quer ter mais ajuda no serviço doméstico. Mas isso não impede os cônjuges de se agredirem mutuamente. Ação provoca reação, reação provoca reação contrária, e assim por diante, em uma discussão sem fim. O mesmo acontece quando dois sócios discutem sobre quem vai ficar com a sala do canto, quando sindicalistas e empresários discutem sobre normas de trabalho ou quando grupos étnicos disputam um território.

Três Reações Naturais

Os seres humanos são máquinas de reação. A coisa mais natural a fazer quando nos confrontamos com uma situação difícil é reagir: agir sem pensar. Existem três reações comuns:

Revidar

Quando alguém o ataca, sua reação instintiva é revidar, "combater fogo com fogo" e "fazê-lo experimentar seu próprio remédio". Se seu oponente assume uma posição radical e inflexível, você faz o mesmo.

Ocasionalmente, isso mostrará a ele que você também sabe jogar o jogo dele e fará com que ele pare. Na maioria das vezes, entretanto, esta estratégia o levará a um confronto inútil e lhe custará caro. Você dará a seu oponente uma justificativa para o comportamento insensato dele. Ele dirá a si mesmo: "Ah, eu sabia que você queria me atacar. Aí está a prova". Uma crescente animosidade geralmente acaba em gritaria, em um hostil acerto de contas, um processo ou uma guerra.

Vejamos o caso do executivo que havia desenvolvido um novo sistema de informações para o processo de produção de sua empresa. Para implementar o sistema, ele precisava do consentimento de todos os gerentes de fábrica das sucursais existentes no país. Todos concordaram, exceto o gerente da maior fábrica, em Dallas, que lhe disse: "Eu não quero seu pessoal metendo o bedelho no meu negócio. O único jeito de as coisas darem certo por aqui é eu estando no controle. Eu trabalho melhor sozinho". Frustrado, o gerente de sistemas reagiu, ameaçando levar a questão ao presidente da empresa, mas isso só serviu para enfurecer o gerente de fábrica. Resultado: o apelo do gerente de sistemas ao presidente da empresa foi um tiro pela culatra, pois deu a impressão de que ele não conseguia se entender com seus colegas. E o pior é que o presidente recusou-se a intervir, e o novo sistema ficou esquecido na mesa de projetos.

O ato de revidar raramente traz progresso a seus interesses imediatos e quase sempre atrapalha seus relacionamentos no longo prazo. Mesmo que você vença a batalha, pode vir a perder a guerra.

Outro problema decorrente de revidar é o fato de as pessoas que jogam pesado são em geral boas de jogo. Talvez elas até estejam esperando que você as ataque. E, se o fizer, você se coloca no território delas, jogando o jogo da maneira como elas gostam.

Ceder

O contrário de revidar é ceder. Seu oponente pode fazer você se sentir tão constrangido com a negociação que você cede só para se ver livre daquela situação. Ele o pressiona, insinuando que você está atrapalhando o acordo. Será que você quer realmente ser o responsável por prolongar interminavelmente as negociações, estragando o relacionamento, perdendo a grande oportunidade de sua vida? Não seria mais fácil ceder?

Muitos de nós fechamos negociações dessa maneira e acordamos no dia seguinte batendo com a mão na testa e exclamando: "Como pude ser tão idiota! Como é que eu pude concordar com uma coisa dessas?". Muitos de nós assinamos contratos (na compra de um carro, por exemplo) sem ler as letras miúdas. Por quê? Porque o vendedor fica nos pressionando, as crianças estão ansiosas para ir para casa no carro novo e nós temos receio de parecer tolos se fizermos perguntas sobre o contrato, que, por sinal, é totalmente incompreensível.

Ceder, em geral resulta em insatisfação. Você se sente "logrado". Seu oponente é recompensado por má conduta e você fica com a fama de ser fraco, um fator que ele e outros talvez tentem explorar no futuro. Assim como o fato de ceder a uma criança que chora e esperneia só reforça esse padrão de comportamento, o fato de ceder a uma pessoa que se mostra enraivecida é um incentivo para que ela tenha outras explosões de raiva no futuro. O temperamento terrível de seu chefe ou de seu cliente pode parecer incontrolável, mas saiba que um temperamento *pode* ser controlado. Eles provavelmente não se descontrolam na presença do chefe *deles*.

Às vezes somos intimidados e buscamos agradar pessoas pouco razoáveis com a ilusão de que, se cedermos somente esta última vez, elas sairão do nosso pé e não teremos de lidar com elas novamente. Com bastante frequência, contudo, tais pessoas voltam buscando mais concessões. Existe um ditado que diz que um apaziguador é alguém que acredita que se você continuar a jogar carne para um tigre, ele eventualmente se tornará vegetariano.

Romper

A terceira reação comum é romper relações com a pessoa ou organização problemática. Se for um casamento, divorciar-se. Se for um emprego, pedir demissão. Se for uma sociedade, dissolvê-la.

Em certas ocasiões, o rompimento é uma estratégia perfeitamente apropriada. É preferível terminar um relacionamento pessoal ou profissional a continuar sendo explorado ou envolvido em constantes brigas. Além disso, algumas vezes o rompimento pode mostrar a seu oponente a participação que ele tem no relacionamento, levando-o a agir com maior sensatez.

Porém, tanto o preço financeiro quanto o emocional de um rompimento é geralmente alto: um cliente perdido, um recuo na carreira, uma família separada... Na maioria das vezes, o rompimento é uma reação apressada, da qual nos arrependemos mais tarde. Todos conhecemos pessoas que iniciam num emprego ou se envolvem em uma relação pessoal, ficam frustradas com seu chefe ou parceiro e então rompem com ele sem lhe dar a menor chance. Quase sempre, o que ocorre é que elas não entendem o comportamento do outro e não procuram entender. As pessoas que reagem rompendo relações nunca chegam a lugar algum, pois estão sempre recomeçando.

Os Perigos da Reação

Quando reagimos perdemos de vista nossos interesses. Vejamos a reação do Pentágono no caso dos reféns norte-americanos sequestrados pelos iranianos, no período de 1979-1981. Logo após o início da crise, um repórter perguntou ao porta-voz do Pentágono o que as forças armadas estavam fazendo para ajudar. O porta-voz respondeu que não havia muito o que fazer sem colocar em risco a vida dos reféns norte-americanos. Ele disse que o Pentágono estava estudando medidas rigorosas que seriam tomadas depois que os reféns fossem libertados. Mas ele não estava raciocinando com clareza: por que razão os estudantes iranianos libertariam os reféns se os Estados Unidos retaliariam logo em seguida? O Pentágono cometeu um erro muito comum: confundir vingança com obtenção de objetivos.

Muitas vezes seu oponente está de fato tentando fazer que você reaja. A primeira vítima de um ataque é sua objetividade: a faculdade de que você mais precisa para negociar efetivamente. Seu oponente tenta desequilibrá-lo e impedi-lo de raciocinar com clareza. Caso você reaja, ele tenta fisgá-lo como a um peixe para poder controlá-lo.

Grande parte do poder de seu oponente está na habilidade de fazer que você reaja. Você já imaginou como um pequeno grupo terrorista do Oriente Médio pode atrair a atenção do mundo inteiro e tirar o sono do líder da nação mais poderosa da mundo simplesmente capturando uma pessoa norte-americana que passa na rua? Os sequestradores não têm quase nenhum poder próprio, seu poder vem da reação do povo norte-americano.

Mesmo que a reação não acarrete um grande prejuízo para você, ela alimenta o improdutivo ciclo de ação e reação. Pergunte à mulher por que ela está gritando com o marido, e ela responderá: "Porque ele está gritando comigo". Pergunte ao marido, e ele dará a mesma resposta. Ao reagir, você se torna parte do problema. Assim como para dançar um tango, é preciso duas pessoas para brigar...

Saia de cena

Se a má notícia é que você contribui para o círculo vicioso da ação e reação, a boa notícia é que você tem o poder de romper o ciclo em qualquer momento *unilateralmente*. Como? Não reagindo. Nas aulas de física aprendemos que "a cada ação corresponde uma reação igual e contrária". Entretanto, a lei de Newton aplica-se a objetos, não a mentes. *Os objetos reagem. As mentes podem optar por não reagir.*

O conto de O. Henry, *O resgate do chefe vermelho*, mostra um exemplo fictício do poder de não reagir. Ao terem o filho sequestrado, os pais decidiram não atender às exigências dos sequestradores. À medida que o tempo foi passando, o garoto tornou-se um fardo tão grande para os sequestradores que eles se propuseram a pagar aos pais para que o pegassem de volta. A história ilustra o jogo psicológico que depende de sua reação. Recusando-se a reagir, os pais estragaram os planos dos sequestradores.

Quando você se defronta com uma negociação difícil, é preciso recuar, esfriar a cabeça e analisar a situação de maneira objetiva. Imagine-se negociando num palco e, em seguida, imagine-se saindo de cena para se ter uma visão melhor do palco. O "sair de cena" é uma metáfora para uma atitude mental de distanciamento. Assim, você pode analisar calmamente o conflito, quase como se você fosse uma terceira parte. Pode raciocinar de maneira construtiva para ambos os lados e procurar uma maneira mutuamente satisfatória de resolver o problema.

Entre os antigos samurais japoneses, os discípulos eram instruídos a olhar para o oponente como se ele fosse uma montanha distante. Musashi, o mais grandioso dos samurais, dizia que isso era uma "visão distanciada de coisas próximas". Essa é a visão que se tem quando saímos de cena.

Sair de cena significa distanciar-se de seus impulsos e emoções naturais. Considere o caso de uma executiva do ramo de cinema chamada Janet Jenkins. Ela estava negociando a venda de um programa para uma rede de televisão a cabo, um negócio que envolvia milhões de dólares. No meio de sua reunião final com o negociador da rede de televisão, o presidente da emissora entrou na sala enfurecido. Ele atacou o produto e a integridade pessoal de Janet e exigiu alterações radicais no contrato. Em vez de reagir, Janet controlou suas emoções e saiu de cena. Ela compreendeu que, defendendo-se ou contra-atacando, apenas colocaria mais lenha na fogueira e não melhoraria sua posição em nada, no que se referia ao fechamento do negócio. Assim sendo, ela deixou o presidente falar à vontade. Depois que ele terminou e saiu da sala, Janet pediu licença para uma rápida saída, aparentemente para dar um telefonema, mas na verdade para recuperar seu equilíbrio mental.

Quando ela voltou, o negociador da emissora olhou para ela e perguntou: "Pois bem, vamos retomar a conversa no ponto em que nós paramos?". Em outras palavras, ele estava dizendo: "Não ligue para o que o presidente falou. Ele estava apenas desabafando. Vamos voltar ao que interessa". Se Janet tivesse reagido, a negociação teria ido por água abaixo. Em vez de reagir, ela saiu de cena e pôde prosseguir tranquilamente com a negociação para fechar o acordo.

Convém sair de cena antes mesmo de a negociação começar, a fim de se preparar, e continuar saindo sempre que possível no decorrer da negociação. Você sempre ficará tentado a reagir impulsivamente ao comportamento difícil de seu oponente, mas tenha em mente o que você quer conseguir.

O prêmio é um acordo que satisfaz seus interesses melhor do que sua BATNA poderia fazer. Além disso, deve atender os interesses do oponente de modo aceitável. Uma vez que você tem uma ideia de como o prêmio é, seu desafio é manter o foco para obtê-lo, e isso não é fácil. Quando se sente com raiva e na defensiva, é fácil querer atacar. Quando se está frustrado e receoso, é fácil querer ir embora. Como você pode deter suas reações naturais?

Anuncie o Jogo

Na maioria das vezes você nem percebe que está reagindo, pois está muito enredado na situação. A primeira coisa a fazer, portanto, é reconhecer a tática. Sempre se acreditou que o fato de chamar um mau espírito pelo nome tinha o poder de repeli-lo. O mesmo acontece com as táticas do jogo sujo: identifique-as e anulará seu feitiço.

Três Tipos de Tática

Existem dezenas de táticas mas, de maneira geral, elas podem ser agrupadas em três categorias: obstrutivas, ofensivas ou enganosas.

Obstrutivas. A tática de obstrução consiste em recusar-se a ceder. Seu oponente tenta convencê-lo de que ele não tem a menor flexibilidade e que, portanto, você não tem alternativa senão aceitar a posição dele. A obstrução pode assumir a forma de um fato consumado: "O que está feito está feito. Não pode ser alterado". Ou recorrer à política da empresa: "Não posso fazer nada. É a política da empresa". Ou usar o recurso de um compromisso anterior: "Eu disse ao sindicato que abandonaria a posição de negociador antes de aceitar um aumento de 8%". Seu oponente pode tentar arrastar o caso interminavelmente: "Voltaremos a falar com você". Ou pode fazer uma declaração final: "É pegar ou largar!". Qualquer outra sugestão de sua parte é recebida com um não.

Ofensivas. Os ataques são táticas de pressão que têm por finalidade intimidá-lo e deixá-lo tão sem jeito que você acaba cedendo às exigências de seu oponente. Talvez a forma mais comum de ataque seja ameaçá-lo com consequências tenebrosas, caso você não aceite a posição dele: "Aceite, ou *você* vai ver!". Seu oponente também pode atacar sua proposta: "Seus cálculos estão todos errados!"; sua credibilidade: "Você está nesse cargo há pouco tempo, não está?"; ou seu nível profissional e sua autoridade: "Queremos falar com quem realmente manda aqui". A pessoa que usa a tática de ataque ficará insultando e ameaçando até conseguir o que quer.

Enganosas. Os truques são táticas que se utilizam de engodo para fazê-lo ceder. Elas se aproveitam do fato de partir do princípio de que seu oponente está agindo de boa-fé e falando a verdade. Um desses truques é a manipulação de informações, usando dados enganosos, falsos ou confusos. Outra tática é a encenação da falta de autoridade, na qual seu oponente o induz a acreditar que ele tem autoridade para decidir a questão, para depois, quando você já cedeu em tudo o que podia, informá-lo de que na verdade não é ele quem dá a palavra final. Um terceiro truque é o "mais-alguma-coisa", uma exigência de última hora que é feita depois que seu oponente o induziu a acreditar que vocês já tinham chegado a um acordo.

Reconhecer a Tática

O segredo para neutralizar o efeito de uma tática é reconhecê-la. Se você reconhece que seu oponente está usando a tática da obstrução, é menos provável que você o considere inflexível. Se você reconhece um ataque, é menos provável que você se deixe prender pelo medo e pelo constrangimento. Se reconhece um truque, não se deixará enganar pelas mentiras de seu oponente.

Vejamos um exemplo:

O senhor e senhora Albin acabaram de vender a casa ou pelo menos era isso que eles estavam achando enquanto encaixotavam suas coisas, preparando a mudança. Quando então o comprador, senhor Maloney, solicitou que o fechamento do negócio fosse adiado por quatro meses, porque ele não conseguia vender sua casa e recusou-se a indenizar os Albin pelo atraso. Eles então disseram-lhe que teriam de procurar outro comprador. O senhor Maloney respondeu: "Saibam que vocês têm sorte de estar fazendo negócio comigo. Se fosse outro, como alguns que conheço, abriria um processo para impedi-los de vender a casa para outra pessoa. Seu imóvel ficaria bloqueado na justiça por vários anos! Mas como agora somos praticamente amigos, tenho certeza de que podemos evitar tudo isso".

Quando o senhor Maloney se foi, o senhor Albin suspirou aliviado e disse à mulher: "Ainda bem que ele não vai nos processar. Nós passaríamos anos sem poder sair daqui. Talvez devêssemos facilitar um pouco as coisas para ele". E a senhora Albin respondeu: "Meu bem, você acaba de ser ameaçado com toda a delicadeza, e nem sequer percebeu. Ele é do tipo que nos processaria se pudesse e vamos tratá-lo como ele merece". O senhor Albin reagiu à tática do senhor Maloney com medo, exatamente como Maloney queria, a senhora Albin, por outro lado, controlou sua reação ao denunciar o jogo.

Muitas táticas dependem de você não saber o que lhe está sendo feito. Suponha que seu cliente lhe diga que o negócio o agrada muito, mas que seu sócio não quer que ele assine o contrato, a menos que sejam feitas alterações substanciais. Se você não perceber que ele está usando o sócio como "vilão da história", talvez você concorde ingenuamente com as alterações. Reconhecendo a tática, entretanto, você se coloca em alerta.

As táticas mais difíceis de reconhecer são as mentiras. Seu oponente faz de tudo para convencê-lo de que está dizendo a verdade, quando não está. Fique sempre atento a contradições, não só no que ele está falando no momento como também nas suas declarações e ações anteriores, expressão facial, linguagem corporal e tom de voz. Um mentiroso pode manipular as palavras, mas não é fácil para ele controlar a ansiedade que eleva seu timbre de voz, assim como não é fácil controlar a simetria das expressões faciais: seu sorriso, por exemplo, pode ficar torto. Porém, não se esqueça de que a ansiedade pode ter outras causas, e ela sozinha não serve como prova de que seu oponente esteja mentindo. É preciso procurar outros indícios.

Tentar reconhecer táticas significa ficar alerta, não excessivamente desconfiado. Às vezes você pode ter interpretado mal a atitude de seu oponente. Uma das mais famosas imagens políticas de todos os tempos é a do primeiro-ministro da antiga União Soviética, Nikita Kruschev, batendo o pé na tribuna durante seu discurso nas Nações Unidas em 1960. Todos interpretaram sua atitude como uma tática para intimidar o Ocidente, um homem que batia o pé na tribuna não hesitaria em usar suas armas nucleares a qualquer momento! Trinta anos depois, o filho de Kruschev, Sergei, explicou que seu pai tinha algo bem diferente em mente. Kruschev, que raramente saía da União Soviética, ouvira falar que o povo ocidental gostava de debates políticos acalorados. Então ele decidiu dar à plateia o que achava que ela queria: bateu o pé para reforçar sua opinião. Quando as pessoas se mostraram chocadas com sua atitude, ninguém ficou mais perplexo que o próprio

Kruschev. Ele estava apenas tentando parecer um deles. Aquilo que acabou se transformando na imagem do russo irracional era aparentemente o resultado de um simples mal-entendido de natureza cultural.

Assim, depois de ler o exemplo anterior, use seu radar, não sua armadura. Faça uma anotação mental quando detectar um possível truque ou um ataque sutil. Neutralize esse ataque anunciando-o e considere uma possibilidade, não uma certeza. Procure outros indícios, lembrando-se de que pessoas difíceis raramente se limitam a uma única tática.

Conheça Seus Pontos Fracos

Para neutralizar devidamente o efeito da tática usada por seu oponente, você precisa saber não só o que ele está fazendo mas também o que você está sentindo.

O primeiro sinal de que você está reagindo vem de seu corpo. Você sente um nó no estômago. Seu coração dispara. Você sente seu rosto queimar. As mãos ficam suadas. Essas são reações físicas que indicam que há algo errado e que você está perdendo a calma na negociação. É um sinal de que você precisa sair de cena.

Todos nós temos certas suscetibilidades emocionais ou "pontos fracos". Alguns reagem com rancor à menor crítica ou ficam transtornados quando acham que alguém está zombando deles. Outros não toleram ter suas ideias rejeitadas. Há também os que desistem do que querem porque se sentem culpados, ou porque temem ser rejeitados, ou porque não querem criar uma cena desagradável.

Se você souber quais são seus pontos fracos, saberá mais facilmente quando seu oponente estiver tocando neles, o que lhe possibilitará controlar sua reação natural. Se você detesta ser chamado de desorganizado, e sabe que detesta, pode se preparar para lidar com essa situação. Quando alguém o chamar de bagunceiro, você simplesmente ignore, sem se importar. Como vivemos e trabalhamos em ambientes competitivos, fique preparado para receber ataques verbais e não os coloque no nível pessoal. Lembre-se de que seu acusador está contando jogar com sua raiva, seu medo e sua culpa. Ele quer que você perca o controle de suas emoções para não conseguir negociar com eficiência.

Quando estiver sendo atacado, veja seu oponente como alguém que não tem nada melhor a oferecer. Veja a solução encontrada por uma mulher cujo chefe vivia lhe tratando mal diante dos colegas: "Eu o levava para casa na cabeça, estava a ponto de ficar louca e deixando minha família desnorteada... Foi então que cheguei à conclusão de que não vivia em função dele. Comecei a me desvencilhar e dizer: 'Coitado, ele não sabe agir de outra maneira'". Por mais estúpido que ele fosse, ela não reagia: "Ele viu que não estava me atingindo, e aquele seu jeito estúpido de me tratar começou a se atenuar".

Ganhe Tempo Para Pensar

Uma vez denunciado o jogo e tendo contido sua reação imediata, o próximo passo é ganhar tempo para pensar, tempo para sair de cena.

Faça uma Pausa e Não Diga Nada

A maneira mais simples de ganhar tempo para pensar no meio de uma negociação tensa é fazer uma pausa e não dizer nada. Você não ganha nada respondendo quando está zangado ou frustrado. Seu bom senso fica perturbado e não é simplesmente um fato psicológico, pois resulta de alterações bioquímicas associadas com raiva e tensão. Mesmo que você pare apenas por alguns segundos para essas alterações voltarem ao normal, terá condições de ver as coisas com mais objetividade. Daí a vantagem de parar antes de responder. Como disse certa vez Thomas Jefferson: "Quando estiver zangado, conte até dez antes de responder, se estiver *muito* zangado, conte até cem".

Uma breve pausa não só lhe dará oportunidade de sair de cena por alguns segundos como também ajudará seu oponente a esfriar a cabeça. Não dizendo nada, você não lhe dará nada com que ele possa implicar. Seu silêncio pode deixar seu oponente um tanto constrangido. O ônus de manter a conversa em andamento passa para ele. Sem saber o que se passa em sua cabeça, ele pode reagir de maneira sensata. Algumas das negociações mais bem-sucedidas são realizadas quando não dizemos nada.

Todavia, suponha que seu oponente continue enfurecido. Um produtor de cinema, por exemplo, tinha um chefe que costumava perder a cabeça pelos motivos mais triviais. O produtor comentou com um amigo que sua vontade era de dar um soco no nariz do chefe. O amigo o aconselhou: "Veja o problema por este ângulo: Ele não grita com *você*, ele grita *consigo mesmo*. Da próxima vez que ele gritar com você, recoste-se na cadeira, cruze os braços e deixe-o gritar à vontade. Pense no bem que faz a ele descarregar aquilo tudo". Posteriormente, o produtor de cinema contou que o plano fez maravilhas.

A mesma abordagem é usada para evitar as batalhas verbais que são tão comuns nas negociações entre trabalhadores e chefes. Houve um caso em que ambas as partes adotaram a regra de que "apenas uma pessoa por vez podia ficar exaltada", e a outra parte não podia reagir. Exercendo esse direito eles estariam admitindo que eram fracos e não conseguiam se controlar. A regra ajudou a romper o círculo vicioso da ação e reação.

É óbvio que você não pode eliminar seus sentimentos, nem precisa. Você só precisa desativar a ligação automática entre emoção e ação. Sinta raiva, frustração ou medo, pode até se imaginar atacando seu oponente, se quiser, mas *não* canalize seus sentimentos e impulsos para a ação. Suspenda seus impulsos. Congele sua atitude. Embora possa parecer horas, provavelmente levará apenas alguns segundos. Isso pode não ser fácil quando seu oponente está gritando ou se mostrando irredutível, mas é necessário para o sucesso na negociação. Siga o mandamento bíblico que diz: "Seja rápido ao escutar, lento ao falar e lento ao agir".

Volte a Fita

Sua pausa não pode ser demorada. Para ganhar mais tempo para pensar, tente voltar a fita. Desacelere a conversa revendo o que já foi dito. Diga a seu oponente: "Deixe-me ver se eu entendi o que você está dizendo". Repita a conversa até aquele ponto.

Suponha que você acaba de fechar uma venda e está verificando o contrato com o cliente.

> — Acho que é um ótimo pacote que você me oferece — diz o cliente — e fecho o negócio agora mesmo se você me der de lambuja o contrato de serviços, sabe como é, de gratificação. E então, o que me diz? Negócio fechado? — O cliente estende a mão.

Se você cai na armadilha e decide sim ou não de imediato, é bem provável que você tome a decisão errada. Para ter tempo de sair de cena, volte a fita. Olhe o cliente nos olhos e diga:

> — Espere um pouco, Larry. Não sei se entendi direito. Vamos voltar atrás e rever como foi que chegamos neste ponto. Nós começamos a discutir este negócio três meses atrás, em março, certo?
>
> — Creio que sim — responde Larry.

— No princípio, pareceu-me que você disse que queria negociar o contrato de serviços em separado da compra.

— Sim, mas agora mudei de ideia.

— Larry, corrija-me se eu estiver errado, mas você e eu não chegamos a um acordo final sobre todas as cláusulas, anteontem?

Seja qual for a resposta de Larry neste ponto, você está fora de cena, livre da pressão daquela exigência de última hora. Você não caiu no truque. De fato, você fez com que Larry saísse da ofensiva e passasse para uma posição um tanto quanto defensiva.

Táticas como as de Larry são como truques de mágica, elas são executadas com tanta rapidez que dificilmente se percebe o movimento da mão. Voltando a fita, você interrompe a rotina e retarda a negociação, você ganha tempo para reconhecer o truque e neutralizar seu impacto.

Se seu oponente o sobrecarrega com informações, esperando que você não perceba uma desvantagem oculta em sua proposta, não hesite em dizer: "Você me deu informações demais para digerir em pouco tempo. Vamos voltar um pouco atrás e repassar o que vimos até agora".

Ou então: "Preciso que você me explique de novo como os diferentes componentes de seu plano funcionam em conjunto. Não entendi direito as conexões entre alguns deles".

Pedindo-lhe que dê uma explicação detalhada, você pode detectar mais facilmente as falhas na lógica por ele utilizada. Uma maneira fácil de reduzir a velocidade da negociação é fazer anotações detalhadas. Anotando o que seu oponente fala, você tem uma boa desculpa: "Desculpe, mas não consegui anotar esta parte. Poderia repetir, por favor?".

Fazendo anotações, você não só ganha tempo para pensar como também mostra que está levando a outra pessoa a sério.

Há pessoas que têm receio de parecer tolas se disserem: "Não sei se estou conseguindo acompanhar seu raciocínio direito". Ironicamente, elas são as mais fáceis de ser enganadas, pois não perguntam o que deveriam perguntar. Negociadores bem-sucedidos sabem que a impressão de parecerem um tanto obtusos pode ser uma vantagem na negociação, permitindo-lhes reduzir o ritmo da discussão. Você não precisa se fazer de bobo. Simplesmente peça alguns esclarecimentos: "Acho que não entendi por que você esperou até agora para pedir um desconto".

Caso não lhe ocorra nada para dizer no momento, você pode sempre recorrer à rotineira frase: "Deixe-me ver se eu entendi direito o que você está dizendo".

Faça um Intervalo

Se você precisa de mais tempo para pensar, faça um rápido intervalo. Muitas negociações se prolongam indefinidamente com as pessoas reagindo às provocações mútuas. Um rápido intervalo proporciona a ambos os lados uma oportunidade de esfriar a cabeça e sair de cena. As negociações são mais produtivas quando interrompidas por frequentes intervalos.

Talvez você tenha receio de que o fato de pedir um intervalo seja interpretado como um sinal de indecisão ou fraqueza de sua parte, como se você não estivesse aguentando a pressão. A solução é procurar uma desculpa natural, algo simples como: "Nós já estamos conversando há um bom tempo. Antes de prosseguirmos, sugiro um rápido intervalo para um café". Ou: "Essa é uma boa pergunta. Vou averiguar e volto em seguida". Convém ter sempre uma desculpa preparada.

Uma das melhores desculpas é convocar uma reunião com sua equipe. Você pode achar que dará a impressão de estar armando uma trama, mas convocar uma reunião é perfeitamente legítimo, seu oponente acabou de lhe apresentar novas informações ou fez uma nova proposta, e você precisa de uma chance para discuti-la com sua equipe. Se estiver sendo pressionado pelo vendedor na compra de um carro, diga-lhe: "Minha esposa e eu precisamos de um momento para pensar. Vamos sair para dar uma volta e voltaremos dentro de meia hora". Se estiver negociando sozinho, telefone para um colega, chefe ou amigo.

Se não puder se ausentar da sala, interrompa a negociação contando um caso engraçado ou uma piada. Há pessoas que carregam fotografias de viagens e mostram quando a situação fica tensa. Todos os participantes começam a contar suas próprias aventuras. Quando a negociação recomeça, a tensão já se dissipou.

Uma outra maneira de interromper uma negociação é ter um parceiro. Assim vocês podem se revezar: enquanto um fala, o outro sai de cena e fica de olho no prêmio. Na polícia, as pessoas que negociam com sequestradores sempre trabalham com um parceiro, o qual lhes dá um *feedback* realista e imparcial do rumo das conversações, evita que elas reajam e reveza com elas quando ficam cansadas.

Não Tome Decisões Importantes Impulsivamente

Na presença de seu oponente, você sofre forte pressão psicológica para concordar com o que ele propõe. Há uma regra prática que o ajuda a não entrar em dificuldades: nunca tome uma decisão importante de imediato. Saia de cena e decida.

Se o seu oponente lhe empurra um contrato e exige sua assinatura imediata, diga: "Meu advogado faz questão de verificar tudo. Você sabe como são os advogados". Ou então pergunte: "Você passou um tempão fazendo este contrato, não foi?". E quando ele acenar com a cabeça, concordando, continue: "Neste caso, quero lhe fazer justiça estudando-o cuidadosamente antes de dar uma resposta". Dobre o documento e guarde-o, dizendo: "Falarei com você amanhã".

Ainda que o melhor fosse consultar o travesseiro antes de tomar uma decisão, isso nem sempre é possível. Se for preciso dar uma resposta imediata, diga a seu oponente: "Não quero retardar as coisas. Vou só ligar para o escritório e volto num minuto. Com licença, farei a ligação agora mesmo".

Ainda que só haja tempo para sair por um momento no corredor, já ajuda. O fato de se afastar da mesa diminui a pressão psicológica. Deixa de parecer tão urgente chegar a uma decisão. Tendo suspendido sua reação inicial, você pode tomar sua decisão de uma maneira mais objetiva: saindo de cena.

Não se afobe. Se seu oponente estipular um prazo final, não hesite em testá-lo adiando a reunião. Se ele fizer mesmo questão do prazo, ele lhe dirá. Lembre-se de que o acordo requer seu consentimento. Seu pior inimigo é sua reação rápida: só *você* pode fazer a concessão da qual mais tarde se arrependerá.

Não Fique Furioso, Não Revide, Consiga o Que Você Quer

Em suma, a coisa mais natural a fazer ao se defrontar com uma pessoa ou situação difícil é reagir. E é também o maior erro que se pode cometer.

A primeira coisa a fazer ao lidar com uma pessoa difícil não é controlar a atitude dela, e sim a sua. Suspenda sua reação natural denunciando o jogo. Em seguida, ganhe tempo para pensar. Use o tempo para ficar de olho no prêmio: um acordo que satisfaça seus interesses, certamente mais do que sua BATNA pode satisfazer. Em vez de ficar furioso ou tentar se vingar, concentre-se em conquistar o que você quer. É para isso que você sai de cena.

ETAPA 2

Não Discuta

Passe para o Lado Deles

Raramente é aconselhável enfrentar preconceitos e paixões de frente. É preferível dar a impressão de que os aceita a fim de ganhar tempo para combatê-los. É preciso saber navegar com um vento contrário e bordejar até encontrar o vento certo.

— Fortune de Felice, 1778

Uma equipe de vendas da AT&T estava negociando a venda para a Boeing de um novo sistema de telecomunicações avaliado em 150 milhões de dólares. Os argumentos de persuasão da equipe de vendas baseavam-se no tipo de serviço a ser entregue, na pronta resposta aos problemas da empresa e na velocidade dos reparos.

Então o diretor de compras da Boeing declarou:

— Ótimo. Agora coloquem todas essas promessas por escrito. E queremos uma garantia de que, se o sistema não for instalado no prazo, vocês nos pagarão uma indenização.

— Faremos tudo o que for possível — respondeu o chefe de vendas da AT&T — mas não podemos nos responsabilizar por tudo que possa acontecer de errado. Um raio pode atingir...

— Vocês estão nos enrolando! — apertou o negociador da Boeing, perdendo a paciência — Primeiro vocês nos falam de seus serviços e agora não querem se responsabilizar pelo que prometem!

— Isso não é verdade — retrucou o chefe de vendas, consternado com a reviravolta na negociação. — Deixe-me ver se consigo explicar...

Mas o negociador da Boeing recusava-se a escutar.

— Vocês não estão negociando de boa-fé! Não podemos fazer negócio com vocês.

O chefe de vendas da AT&T fez um último apelo:

— Vamos conversar. Talvez possamos fazer alguma coisa por escrito.

Mas o diretor de compras da Boeing já tomara sua decisão e retirou-se com sua equipe.

O que aconteceu? Quando a AT&T se recusou a cumprir a exigência da Boeing, o negociador da Boeing ficou irritado e partiu para o ataque. O chefe de vendas da AT&T se defendeu, mas isso só serviu para intensificar mais ainda a raiva do comprador. Quando o chefe de vendas tentou se explicar, o comprador se recusou a escutar. Nada parecia dar certo.

O erro, bastante comum, está em tentar argumentar com uma pessoa que não é receptiva. Suas palavras mal serão ouvidas ou serão deturpadas. Antes de começar a discutir o *problema*, você precisa desarmar a *pessoa*. Saindo de cena você recupera seu equilíbrio mental. Agora você precisa ajudar seu oponente a recuperar o dele.

Assim como o negociador da Boeing, seu oponente pode se sentir desconfiado, irritado ou ameaçado. Convicto de que ele está certo e você está errado, ele se recusa a escutar o que você tem a dizer. Desarmá-lo significa dissipar suas emoções hostis. Significa fazer com que ele ouça sua opinião. E significa conquistar o respeito dele. Ele não precisa gostar de você, mas precisa respeitá-lo e tratá-lo como um ser humano.

O segredo do desarmamento é o fator surpresa. Para desarmar seu oponente, você deve fazer o oposto do que ele espera. Se ele se mostra irredutível, espera que você faça pressão, se estiver atacando, espera que você resista. Assim sendo, não pressione, não resista. Faça o contrário: passe para o lado dele. Isso desorienta ele e o alerta para mudar sua postura antagônica. Além disso, como praticantes de artes marciais japonesas reconhecem há tempos, é difícil atacar alguém que repentinamente está do seu lado. E, mais importante, coloca você e seu oponente lado a lado — exatamente onde você quer estar de modo a se empenhar na negociação de resolução de problemas.

Colocar-se ao lado deles significa fazer três coisas: ouvir, reconhecer e concordar. Ouça o que ele tem a dizer, mostre que compreende a colocação dele e concorde sempre que puder.

Ao tratar com uma pessoa difícil, provavelmente a última coisa que você se sente inclinado a fazer é passar para o lado dela. Quando seu oponente tapa os ouvidos, você naturalmente tem vontade de fazer o mesmo. Quando ele se recusa a reconhecer seu ponto de vista, você também não quer reconhecer o dele. Quando ele discorda de tudo o que você diz, você acha difícil concordar com qualquer coisa que ele diga. Embora perfeitamente compreensível, esta resposta de pagar na mesma moeda é a receita para um impasse.

Para vencer a resistência de seu oponente, você precisa reverter essa dinâmica. Se quer que ele o escute, comece por escutar o que ele tem a dizer. Se quer que ele reconheça seu ponto de vista, reconheça o dele primeiro. Para conseguir que ele concorde com você, comece por concordar com ele em tudo o que for possível.

Ouça com Atenção

Geralmente as negociações transcorrem da seguinte maneira: a Parte A expõe sua posição inicial. A Parte B está tão concentrada no que vai dizer que nem escuta o que o outro fala. Quando chega a vez de a Parte B expor sua posição, a Parte A pensa: "Ele não respondeu ao que eu disse. Ele não deve ter ouvido. É melhor eu repetir". Então a Parte B chega à conclusão de que também não foi ouvida apropriadamente e repete sua posição. E assim a coisa prossegue, num diálogo de surdos. "Tudo já foi dito antes", diz um personagem de um romance de André Gide, "mas como ninguém presta atenção, temos de ficar voltando e recomeçando tudo de novo."

Você tem uma oportunidade de interromper o coro de monólogos se estiver disposto a ser o primeiro a escutar.

Dê Uma Plateia a Seu Oponente

Escutar o que o outro tem a dizer é a concessão mais barata que você pode fazer. Todos nós temos uma profunda necessidade de sermos compreendidos. Satisfazendo essa necessidade, você pode ajudar a dar uma reviravolta na negociação.

Veja o caso de uma negociação de contrato entre sindicato e empresários na fábrica de contêineres Inland Steel. O conselho da empresa assumiu uma posição rígida na questão do arbitramento de salários, declarando:

— Creio que *este* é um ponto no qual nós somos obrigados a *insistir*.

E o diretor-geral Robert Novy acrescentou:

— Isso para não dizer coisa pior.

Normalmente o sindicato teria contra-atacado, a direção da empresa teria defendido veementemente sua posição e, depois de uma discussão inútil, os trabalhadores entrariam em greve. De fato, a última suspensão nas negociações resultara em uma greve de 191 dias, desastrosa para ambas as partes, e todos achavam que dessa vez o resultado não seria diferente. No entanto, em vez de contra-atacar, o negociador-chefe do sindicato, Jake Shafer, respondeu calmamente:

— Fiquei curioso com a afirmação do senhor Novy. O senhor disse: "Isso para não dizer coisa pior".

Diante desse convite, o senhor Novy começou a explicar detalhadamente por que a direção da empresa insistia tanto naquele ponto. Tendo a satisfação de ter sido ouvido atentamente, a diretoria, por sua vez, ouviu também a explicação do sindicato sobre sua posição na questão. Na ocasião, pode ter parecido apenas um pequeno lance tático, mas a decisão de Shafer de parar e pedir à diretoria que expusesse seu ponto de vista abriu caminho para uma eventual solução da questão. A greve que todos previam nunca chegou a se concretizar.

Ouvir requer paciência e autodisciplina. Em vez de reagir de imediato ou tramar seu próximo passo, mantenha-se concentrado no que seu oponente está falando. Ouvir pode não ser fácil, mas como se viu no caso da Inland Steel pode ser muito útil. É uma janela que você abre na mente de seu oponente, proporcionando-lhe a chance de engajá-lo em uma tarefa cooperativa: a de entender o problema *dele*, deixando-o mais propenso a ouvir o que você tem a dizer.

Se seu oponente está nervoso ou irritado, o melhor que você tem a fazer é ouvir seu desabafo. Não o interrompa, mesmo se sentir que ele está errado. Mantenha contato visual para que ele saiba que você está ouvindo e acene de vez em quando com a cabeça, dizendo "Ah-hã" ou "Eu sei". Depois que ele tiver desabafado, pergunte calmamente se há mais alguma coisa que ele queira dizer. Incentive-o a dizer tudo o que o está perturbando, usando frases como "Sim... Por favor, continue" e "E aí, o que aconteceu?".

As pessoas sentem uma profunda satisfação em verbalizar seus sentimentos e ressentimentos. Os administradores de serviços para clientes sabem que, mesmo havendo pouca coisa a fazer para ajudar um cliente zangado, insatisfeito, o fato de ouvir atentamente suas reclamações é na maioria das vezes suficiente para fazê-lo voltar a procurar seus serviços.

Tendo ouvido tudo o que seu oponente tem a dizer, é provável que ele se tome menos reativo, mais racional e mais acessível na busca da solução do problema. Não é por mera coincidência que *negociadores eficientes mais escutam que falam.*

Parafraseie e Peça Confirmação

Não basta apenas escutar o que seu oponente diz. Ele precisa saber que você ouviu o que ele disse. Para tanto, repita o que ouviu. Uma conversa entre um vendedor e um cliente insatisfeito pode transcorrer da seguinte maneira:

> **CLIENTE:** Eu comprei esta secretária eletrônica de vocês há cerca de seis meses e agora mal se ouvem as vozes. Não é problema da fita, pois já a substituí. Que porcaria de aparelho vocês vendem aqui? Estou perdendo clientes por causa de vocês. Exijo que vocês a substituam imediatamente por um aparelho de qualidade, caso contrário, tomarei outras providências.
>
> **VENDEDOR:** Está bem, deixe-me ver se eu entendi direito: O senhor comprou este aparelho em nossa loja seis meses atrás para uso comercial. Mas agora não consegue ouvir as vozes das gravações. O senhor precisa de uma secretária eletrônica, e tempo é um fator fundamental. Entendi corretamente?

CLIENTE: É isso mesmo.

VENDEDOR: Vejamos o que se pode fazer pelo senhor.

Parafrasear significa repetir com suas próprias palavras o que seu oponente disse. Lembre-se de manter o ponto de vista *dele*. Inserir seu próprio ponto de vista ou tentar fazê-lo ver o erro em que ele está incorrendo não adianta nada. O cliente não ficará satisfeito se o vendedor lhe disser: "O *senhor* não conseguiu fazer o aparelho funcionar e por isso trouxe-o de volta?".

Parafraseando seu oponente, você lhe proporciona não só a sensação de estar sendo compreendido como também de poder corrigir você. E você tem a chance de verificar se entendeu mesmo a mensagem dele. Parafrasear é uma das melhores técnicas do repertório do negociador.

Respeite o Ponto de Vista

Depois de ouvir o que seu oponente tinha a dizer, mostre que você respeita o ponto de vista dele. Talvez você relute em tomar essa atitude por discordar profundamente dele, mas com isso perderia uma oportunidade crucial. Todo ser humano, por mais difícil que seja, tem uma profunda necessidade de ter sua opinião respeitada, satisfazendo essa necessidade, você pode ajudá-lo a criar um clima favorável para um acordo.

Respeitar o ponto de vista de seu oponente *não* significa concordar com ele. Significa que você aceita seu argumento como um ponto de vista válido entre outros. É uma forma de mandar a mensagem "Compreendo sua maneira de ver as coisas", como é transmitida por intermédio de frases como "Você tem razão nesse ponto" ou "Sei exatamente o que você quer dizer" ou "Entendo o que você está dizendo".

De maneira geral, a mente de seu oponente parece um sótão entulhado de velhos ressentimentos, raivas, queixas e histórias. Discutindo com ele, você mantém todos esses sentimentos vivos. No entanto, se admitir a validade do que ele diz, os sentimentos começam a perder sua carga emocional e vão aos poucos desaparecendo do sótão. Deixando-o expor seu ponto de vista e reconhecendo-o, você cria um espaço psicológico para ele aceitar o fato de que pode haver um outro lado no caso em discussão.

Uma das maneiras mais eficientes e surpreendentes de mostrar que você respeita o ponto de vista de seu oponente é se antecipar a ele, tirar as palavras de sua boca, dizer-lhe, por exemplo: "Eu, em seu lugar, veria as coisas dessa maneira". O ex-secretário de Defesa dos Estados Unidos, Robert McNamara, usou essa técnica em uma reunião em 1989 constituída pelos principais participantes norte-americanos, soviéticos e cubanos da crise dos mísseis cubanos de 1962. Sentindo que os soviéticos e os cubanos mostravam-se defensivos quanto às razões pelas quais seus governos decidiram instalar em segredo mísseis nucleares em Cuba, ele declarou: "Se eu fosse um líder cubano ou soviético naquela ocasião, teria concluído que os norte-americanos pretendiam invadir Cuba. Pelas evidências que vocês possuíam na época, tinham razão de chegar a essa conclusão. Mas posso lhes assegurar que jamais tivemos essa intenção". Reconhecendo por antecipação o que os soviéticos e cubanos estavam pensando, McNamara tornou-os mais receptivos para ouvirem seu ponto de vista.

Respeite os Sentimentos de Seu Oponente

Não ignore as emoções de seu oponente. Por trás de seu ataque quase sempre existe raiva, por trás de sua inflexibilidade quase sempre existe medo. Enquanto você não desativar as emoções dele, seus argumentos sensatos entrarão por um ouvido e sairão pelo outro.

Imagine um funcionário entrando impetuosamente em sua sala e esbravejando: "Estou cansado de ser explorado! Acabei de saber que Dayle Tumer ganha dois mil dólares a mais por ano para fazer o mesmo trabalho que eu faço. Pra mim, chega!".

Se você tentar explicar por que Dayle ganha mais, mesmo que o motivo seja válido, talvez só deixe seu funcionário mais zangado ainda. A primeira coisa a fazer é reconhecer os sentimentos dele: "Você está zangado. Acha que está sendo explorado. Posso entender que se sinta assim. Eu, em seu lugar, provavelmente me sentiria da mesma maneira".

Essa não é a resposta que o funcionário esperava. Reconhecendo seus sentimentos, você o ajudou a se acalmar. Então ele pergunta: "Por que eu não ganho o mesmo salário que Dayle? Eu faço o mesmo trabalho que ele!".

Fazendo-lhe uma pergunta, ainda que agressiva, ele mostra que está preparado para ouvir sua explicação. Agora, sim, você pode começar a argumentar.

Assim como o funcionário, seu oponente quase sempre se sente injustiçado e pronto para lutar. Todavia, ao receber um reconhecimento em lugar de um argumento, ele fica desarmado. Ao dizer a seu oponente "Compreendo como se sente" ou "Se eu fosse você, também ficaria revoltado", ele fica sabendo que sua mensagem foi ouvida e avaliada. Demonstrando que você entende *por que* ele se sente daquela maneira, reforça sua demonstração de reconhecimento.

Um aviso: seu oponente provavelmente saberá se o seu reconhecimento é sincero ou não. Sua intenção, expressa pelo seu tom de voz e linguagem corporal, é tão importante quanto suas palavras.

Peça Desculpas

Talvez a forma mais poderosa de reconhecimento seja um pedido de desculpas. Esta é uma lição que todos nós aprendemos na infância. Se você dissesse as palavras mágicas "me desculpe", poderia continuar no jogo. Infelizmente, é uma lição que a maioria esquece quando chega à idade adulta. Veja o caso do professor de direito da Universidade de Columbia que propôs a seguinte questão em sua aula de contratos:

> — O vendedor se compromete com o comprador a entregar mil peças por mês. As duas primeiras entregas são perfeitas. No terceiro mês, entretanto, o vendedor entrega apenas novecentas e noventa peças. O comprador fica tão exaltado que rejeita a entrega e se recusa a pagar pelas peças já entregues. Se vocês fossem o vendedor, o que diriam?

O professor pretendia gerar uma discussão das diversas teorias jurídicas que, segundo suas próprias palavras, "permitiriam ao vendedor esmagar o comprador". Ele passou os olhos pela classe à procura de um voluntário, mas ninguém se manifestou.

> — Como é comum em uma classe de primeiro ano — comentou ele, posteriormente — vi que uma parte dos alunos estava fazendo anotações e a outra tentava escapar da pergunta examinando os sapatos. Havia, no entanto, um único rosto ansioso, o de um menino de oito anos, filho de uma das minhas alunas, que o levara à aula por não ter com quem deixá-lo. Subitamente, ele levantou a mão. Tal atitude, mesmo vinda de uma criança de oito anos, precisava ser recompensada. Muito bem — disse — o que você diria se fosse o vendedor?
>
> — Eu diria: "Me desculpe".

Assim como a criança parecia saber instintivamente, "esmagar" um oponente não é a solução. Geralmente não damos valor ao poder de um pedido de desculpas. O comprador estava furioso porque se sentia logrado. Em uma situação dessas, o que a pessoa geralmente quer é o reconhecimento de que ela foi de fato lograda. Só depois de feito o reconhecimento é que ela se sentirá segura para negociar. Dessa maneira, um pedido de desculpas cria condições para uma solução construtiva do problema.

Seu pedido de desculpas não precisa ser um ato de humilhação ou de admissão de culpa. Tratando com um cliente exaltado, você poderia dizer: "Lamento que lhe tenha surgido esse problema. Você é um de meus melhores clientes e a última pessoa que eu queria ver prejudicada. O que podemos fazer para compensá-lo?". Mesmo que seu oponente seja o maior responsável pela enrascada em que você se meteu, peça desculpas pela parte que lhe cabe. Seu gesto corajoso pode ativar um processo de reconciliação no qual ele se desculpará pela parte *dele.*

Projete Confiança

Talvez você tenha receio de que o fato de reconhecer o ponto de vista de seu oponente seja interpretado como um ato de fraqueza. Ao contrário, o reconhecimento mostra sua força. Para não haver dúvida de que seu oponente está ciente disso, projete confiança ao demonstrar seu reconhecimento. Ao enfrentar um ataque, por exemplo, mostre-se atento e adote um tom de voz calmo e confiante. Aprume a postura, olhe seu oponente nos olhos e chame-o pelo nome. O fato de você não temer desarma.

Veja como o diplomata norte-americano John Limbert, mantido como refém no Irã de 1979 a 1981, assumiu o controle demonstrando respeito por seus oponentes. Sempre que os guardas entravam em seu quarto, ele os convidava a se sentarem.

"Eles passaram a ser *meus* hóspedes", explicou Limbert, "e com esse pequeno gesto eu estabeleci o comando da situação. Eu criei a inconfundível noção de que aquele era o *meu* espaço, o *meu* território, e isso fez maravilhas para meu bem-estar."

Concorde Sempre Que Puder

Tendo ouvido o que seu oponente tinha a dizer, e demonstrado que respeitava sua opinião, o próximo passo consiste em concordar com o que for possível. É difícil atacar alguém que concorda com você.

Concorde Sem Fazer Concessões

Você não precisa fazer nenhuma concessão. Basta concentrar-se nos pontos com os quais você já concordou. Um senador norte-americano disse a sua equipe legislativa: "Não discutam com meus eleitores, mesmo que eles estejam errados, pois vocês só me farão perder votos. Façam o *contrário* do que lhes ensinaram no doutorado. Lá, se alguém dizia alguma coisa com a qual vocês concordavam em 99%, vocês diziam: 'eu não concordo', e concentravam-se no 1% de discordância. Aqui, se meu eleitor disser alguma coisa da qual vocês discordam em 99%, quero que digam 'eu concordo com você', e concentrem-se no 1% de concordância". É natural concentrar-se nas diferenças, pois são elas que causam o problema. No início, entretanto, é melhor concentrar-se no que vocês têm em comum.

Não perca nenhuma oportunidade de concordar, mesmo que seja apenas à guisa de brincadeira. O humor tem a vantagem de humanizá-lo aos olhos de seu oponente. Veja o exemplo de um encarregado de levantar fundos para a United Way[1] que

---

1 A United Way surgiu em 1876 nos Estados Unidos, na cidade de Denver, no Colorado, unindo um rabino, dois pastores, uma assistente social e um padre

foi pedir contribuições a um grupo de motoristas de caminhão às seis da manhã, quando eles chegavam ao trabalho. Aquela hora da manhã ninguém queria ouvir falar da United Way, mas o chefe obrigou os motoristas a assistirem à palestra. Enquanto o representante da United Way exibia animadamente um vídeo sobre caridade, o clima na sala tomou-se tenso. Quando ele distribuiu lápis amarelos e cartões de contribuição, os motoristas ficaram apenas olhando para ele, sem fazer nada. Finalmente, um motorista truculento levantou-se, sacudiu o lápis de maneira ameaçadora na frente do representante e resmungou de maneira pouco amistosa:

— Vou dizer-lhe o que você pode fazer com este lápis!

Foi um momento constrangedor, com todos esperando para ver qual seria a reação do representante. Ele então olhou o motorista nos olhos e falou calmamente:

— Terei prazer em fazer o que o senhor quiser com este lápis... — Fez uma pausa, e acrescentou: — ...*depois* que o senhor assinar o cartão de contribuição, claro.

Após um breve momento de silêncio, alguém começou a rir. Todos irromperam em risos. A tensão foi rompida. No final, todos os motoristas assinaram um cartão de contribuição.

Use e Abuse do "Sim"

A palavra-chave para se chegar a um acordo é "sim". "Sim" é uma palavra mágica, um instrumento poderoso para desarmar seu oponente. Procure ocasiões para dizer sim a seu oponente

católico. Eles desenvolveram uma estratégia colaborativa de trabalho social, unindo suas habilidades e as doações de inúmeras pessoas para alcançarem uma mudança mais efetiva e douradora. Atualmente, a United Way está presente em todo o mundo, auxiliando milhares de pessoas.

sem fazer concessões: “Sim, você tem razão nesse ponto”, “Sim, concordo com você”. Diga sim sempre que puder.

Tente também conseguir que seu oponente diga-lhe sim o maior número de vezes possível. Um orador público usa essa técnica com sucesso para lidar com comentários hostis da plateia. Se alguém diz:

> — Sua proposta é totalmente irrealista.
>
> Ele responde:
>
> — Está dizendo que não vê como minha proposta orçamentária pode anular o déficit em um prazo de cinco anos? É isso que você quer dizer?

O membro da plateia responde que sim e, ao fazê-lo, a relação entre o orador e o crítico se modifica. O “sim” faz com um argumento antagonista se transforme em um início de diálogo sensato.

Todo sim que você consegue de seu oponente reduz cada vez mais a tensão. Com o acúmulo de concordâncias, mesmo que seja só de sua parte, você cria um clima no qual seu oponente fica mais inclinado a concordar com uma proposta substancial.

Entre em Sintonia com Seu Oponente

A concordância também pode ser não verbal. Se você observar dois amigos conversando, notará algo de peculiar. Se um amigo se apoia no cotovelo, o outro faz o mesmo. Se um fala em voz baixa, o outro abaixa a voz. Quase que inconsciente, eles se ajustam mutuamente a fim de se comunicar melhor. Cada um deles envia uma mensagem sutil ao outro: “Eu sou igual a você”.

Grande parte da mensagem é transmitida por meio da forma e não do conteúdo, da comunicação. Observe o modo de se comunicar de seu oponente. Se ele fala vagarosamente, reduza sua velocidade de falar. Se ele fala baixo, abaixe seu tom de voz. Observe também a postura física dele. Se ele se inclina para a frente a fim de enfatizar o que está dizendo, incline-se para a frente também, demonstrando seu interesse. Não o imite. Apenas adapte seu estilo de comunicação ao dele. Seu objetivo é entrar em sintonia com ele.

Também vale a pena ser sensível à linguagem de seu oponente. Se falarem de modo coloquial, você também deve usar uma linguagem coloquial. Se forem de uma cultura diferente, é útil aprender a usar algumas frases educadas da língua *deles* para mostrar seu interesse e seu respeito.

As pessoas também usam diferentes "linguagens sensoriais", dependendo de como processam as informações, principalmente através dos olhos, ouvidos ou sentimentos. Se o seu oponente costuma usar termos visuais, tais como "Você não *vê* o que eu estou dizendo?" ou "Vamos *focalizar* este ponto", procure acompanhá-lo com frases semelhantes: "Eu *vejo* o que você quer dizer" ou "Posso *visualizar* o que você está dizendo". Se o seu oponente usa mais termos auditivos, tais como "*Escute* o que vou lhe dizer", você pode responder, por exemplo, com uma frase do tipo "Eu estou *ouvindo*". Caso a linguagem dele gire em tomo de sentimentos, como "*Sinto* que isso não está certo", responda com algo do tipo "Isso também me *incomoda*. Comunique-se com seu oponente usando a linguagem que ele entende melhor.

Respeite a Pessoa

Ouvindo seu oponente, reconhecendo seu ponto de vista e concordando com ele sempre que for possível, você está de fato demonstrando que o respeita como pessoa. Às vezes, no entanto, você pode demonstrar seu respeito de uma maneira mais direta.

Veja o caso de uma das disputas mais difíceis do mundo: o conflito entre árabes e israelenses. Até 1977, os líderes árabes negavam-se a reconhecer a existência de Israel, a ponto de não pronunciar o nome. Então, em novembro daquele ano, o presidente egípcio, Anwar Sadat, quebrou o tabu com sua famosa viagem a Jerusalém. Nada poderia deixar os israelenses mais surpresos, mais confusos em relação à ideia que eles faziam dos egípcios, ou mais desarmados do que a chegada de um líder inimigo no país que seu exército atacara quatro anos antes. Com este único ato ele derrubou a barreira psicológica que constituía, em sua opinião, 90% do conflito. Ele criou um clima que acabou produzindo um tratado de paz entre Egito e Israel, um fato que a maioria das pessoas achava impossível.

Demonstrando respeito pela pessoa, você cria o que os psicólogos chamam de "dissonância cognitiva", uma incoerência entre percepção e realidade. Seu oponente o considera um adversário, ao respeitá-lo, você está agindo como um amigo ou colega, induzindo-o assim a mudar a percepção que ele tem de você a fim de reduzir a dissonância cognitiva. Assim como Sadat capitalizou a percepção que os israelenses tinham dele como um fomentador de guerra, você pode capitalizar a percepção negativa que seu oponente tem de você, agindo de uma maneira que destrua o estereótipo dele.

Apoiar a pessoa não significa apoiar seu comportamento. Os pais continuam a amar seu filho de oito anos mesmo depois ele passar cola entre as folhas do jornal e tentar estrangular a irmã caçula. É preciso distinguir entre a pessoa e seu comportamento.

Reconheça a Autoridade e a Competência de Seu Oponente

Suponha que você esteja tentando persuadir seu chefe, uma pessoa difícil, a mudar de ideia sobre uma questão referente ao escritório. Ele pode achar que você está desafiando sua autoridade ou sua competência. Estaria você insinuando que ele está errado ou é incompetente? É provável que ele reaja tornando-se mais resistente ainda ao que você tem a dizer. Para convencê-lo de que você não o está desafiando pessoalmente, você precisa começar suas observações com uma frase do tipo "Você é o chefe" ou "Eu respeito sua autoridade".

Se o seu oponente tem um ego grande ou vulnerável, encare isso como uma oportunidade não como um obstáculo. Uma pessoa cujo ego precisa ser massageado é dependente do reconhecimento dos outros. À medida que você puder satisfazer sua necessidade de reconhecimento, poderá também desarmá-lo. Se você estiver tentando abrir uma exceção na política da empresa junto a um burocrata inseguro ou que se acha importante, comece dizendo: "Disseram-me que você é a pessoa que conhece como ninguém a política da empresa". Para dar mais credibilidade a sua demonstração de reconhecimento, baseie-se em fatos. Em vez de dizer a um rival do departamento "Você é o melhor vendedor da empresa", o que ele pode considerar mera bajulação, diga: "A apresentação que você fez ao conselho foi sucinta, persuasiva e objetiva. Acho que nunca vi ninguém fazer melhor".

Crie uma Relação de Trabalho

Uma das melhores maneiras de demonstrar respeito por seu oponente é criando uma relação de trabalho com ele. Convide-o para um café ou almoço, marque um encontro para tomarem um drinque depois do trabalho. Use essas ocasiões para falar de *hobbies* e da vida familiar, ou de qualquer outra coisa que interesse a ele. Reserve um tempo para bater papo antes do início e depois do final da sessão de negociação. Pequenos gestos de boa vontade podem dar grandes resultados.

Uma boa relação de trabalho é como uma poupança que você pode sacar nos momentos difíceis. Quando tratamos com uma pessoa que conhecemos e de quem gostamos, nossa tendência é atribuir os eventos adversos a circunstâncias atenuantes: "Ah, acho que ele não veio à reunião porque estava doente". Quando se trata de alguém de quem não gostamos, nossa tendência é atribuir os mesmos eventos à natureza básica da pessoa: "Ele quer me deixar esperando só para mostrar quem é que está por cima". Resumindo, se você tem uma relação positiva, seu oponente estará mais inclinado a lhe dar o benefício da dúvida. Desse modo, você pode evitar mal-entendidos.

A melhor época para implantar as bases de um bom relacionamento é *antes* do surgimento do problema. Assim sendo, se é provável que seu trabalho lhe crie conflito com um indivíduo, procure formar um bom relacionamento com ele o mais cedo possível. Um gerente de produção precisa ter um bom relacionamento profissional com o gerente de marketing; um chefe de sindicato, com o empresariado; e um diretor de escola, com o corpo docente. Assim, quando o outro estiver criando dificuldades, você poderá dizer: "Ora essa, amigo, sempre nos demos bem, nos conhecemos há tanto tempo!".

Expresse Suas Opiniões — Sem Provocações

Depois de ter ouvido e demonstrado respeito pelo seu oponente, ele estará mais disposto a ouvir o que você tem a dizer. Agora é hora de expressar o *seu* ponto de vista, mas você deve agir de maneira a não fazê-lo tapar os ouvidos.

O segredo está em mudar seu padrão de raciocínio. O normal é sempre pensar em termos de *ou-ou:* ou é você que está certo ou é seu oponente. O padrão alternativo é ambos.

Ele pode estar certo com base na experiência dele e você pode estar certo com base na sua. Você pode dizer a ele: "Entendo por que você se sente assim. É totalmente justificável com base na experiência que você tem. A minha, entretanto, é diferente". Você pode reconhecer a opinião dele e, sem desafiá-la, expressar uma opinião contrária. Você pode criar um clima envolvente, no qual as diferenças possam coexistir pacificamente enquanto você tenta conciliá-las.

Não Diga "Mas", Diga "Sim...E"

Um dos métodos mais comuns de expressar suas diferenças é o de preceder suas opiniões pela palavra "mas". Quando seu cliente diz "Seu preço está alto demais", você fica tentado a refutar a afirmação dele com outra: "Mas este produto é da melhor qualidade!". Infelizmente, quando o cliente ouve um "mas", ele pode estar ouvindo "acho que você está errado pelas seguintes razões". Não será surpresa se ele parar de escutar o que você diz.

Seu oponente ficará mais receptivo se você primeiro reconhecer a opinião dele com um "sim" e, então, expuser a sua precedida de um "e". Quando o cliente reclamar do preço, você pode dizer: "Sim, você tem toda razão ao dizer que nosso preço está alto demais. *E* o que essa diferença de preço lhe proporciona é maior qualidade, maior confiabilidade e melhor serviço!".

Mesmo uma discordância direta pode ser enquadrada de maneira envolvente: "Compreendo os motivos por você se sentir assim, e os respeito. Contudo, deixe-me explicar como vejo as coisas". Ou: "Concordo plenamente com o que você está tentando fazer. O que você talvez não tenha considerado é que...". Seja qual for a linguagem que você use, o segredo é apresentar sua opinião como um adendo e não uma contradição direta ao ponto de vista de seu oponente.

Fale de Você, Não de Seu Oponente

Ao expressar sua opinião, é menos provável que provoque seu oponente se falar de você mesmo, em vez de falar dele. Afinal de contas, a única coisa que você conhece realmente a fundo é sua própria experiência.

Suponha que você está tratando com um adolescente problemático que prometeu voltar para casa até a meia-noite mas só chegou às três da madrugada. Você poderia expressar sua opinião dizendo: "Você não cumpriu sua palavra! Você é um irresponsável". Ou: "Você só pensa em si mesmo. Você não tem consideração por sua família!". Você está falando dele. É natural que o adolescente fique na defensiva e zangado. Ele simplesmente "desliga" a mente para o sermão dos pais.

Suponha que você fale: "Filho, esta noite eu me senti decepcionado. Fiquei tão preocupado, temendo que tivesse acontecido alguma coisa com você. Até liguei para a polícia rodoviária para saber se tinha acontecido algum acidente". Em vez de atacar, você expressa seus sentimentos e sua experiência. Você está falando de si mesmo. A mensagem transmitida é a mesma, mas quando colocada desta maneira é mais provável que seus sentimentos sejam ouvidos.

A essência de uma declaração feita na primeira pessoa é descrever o impacto que o problema causa em você. Você dá a seu oponente informações sobre as consequências do comportamento dele de uma maneira que fica difícil para ele rejeitar, porque a experiência é *sua*. Eis alguns exemplos das expressões a serem usadas: "Sinto-me...", "Fico chateado quando...", "Acho desagradável...", e "Na minha maneira de ver...".

Uma declaração na primeira pessoa não contesta a opinião de seu oponente, mas simplesmente lhe oferece uma perspectiva diferente: a sua. Você não está lhe dizendo o que fazer, como pensar ou como se sentir. Ele tem direito às opiniões dele e você tem direito às suas.

Observe que o simples fato de começar sua frase falando de você não a transforma em uma declaração na primeira pessoa. Se você disser ao adolescente "Acho que você foi irresponsável", ou "Acho que você não cumpriu sua palavra", continua sendo uma acusação e provoca a mesma reação defensiva. Uma declaração na primeira pessoa enfoca suas necessidades, preocupações, sentimentos e desejos, não os contratempos de seu oponente.

Defenda-se

Não hesite em se defender. Quando se viu ameaçado pelo motorista de caminhão, o representante da United Way fez mais que acatar com uma dose de humor sua observação. Depois de dizer "Terei prazer em fazer o que o senhor quiser com este lápis", ele acrescentou: "*depois* que o senhor assinar o cartão de contribuição, claro". Ele defendeu a si mesmo e à campanha.

O fato de você se defender não anula sua demonstração de respeito. Saber-se respeitado por alguém que consideramos forte e confiante vale mais que uma demonstração de respeito de alguém considerado fraco. A combinação de respostas aparentemente contraditórias (respeitar a opinião de seu oponente e expressar sua própria opinião) faz mais efeito que uma das duas sozinha.

Veja o caso dos pais que se veem diante do problema do filho de cinco anos que, em prantos, não quer de maneira alguma ser deixado em casa com uma babá enquanto os pais saem. Deveriam eles desistir de sair? Ameaçar dar uma surra no menino ou tentar acalmá-lo? Um renomado psicólogo infantil sugere uma terceira estratégia. Com empatia, dizer à criança o seguinte: "Eu sei que você não queria que saíssemos hoje. Às vezes, quando não estamos em casa, você fica com medo.

Você queria que nós ficássemos aqui com você, mas seu pai e eu temos um jantar com amigos. Amanhã jantaremos em casa com você". Mostre que respeita a opinião dele e defenda a sua.

Reconheça Suas Diferenças com Otimismo

Mostrar que concorda com seu oponente não significa que você suprimiu as diferenças existentes entre vocês. Na verdade, é sempre melhor reconhecê-las abertamente, o que assegura a seu oponente que você compreendeu a colocação dele e o ajuda a relaxar. Em muitos conflitos étnicos, por exemplo, as partes só se sentem à vontade para reconhecer pontos de concordância depois de terem delineado claramente os pontos de discordância.

Quando você destaca suas diferenças, pode descobrir que elas não são tão grandes quanto imaginava. Porém, às vezes, elas parecem insuperáveis. Assim sendo, é fundamental que você assuma uma posição otimista. Confirme seu interesse em chegar a um entendimento e sua certeza de que é possível encontrar uma solução satisfatória: "Creio que neste aspecto *podemos* entrar num acordo". Demonstre segurança ao reconhecer a opinião de seu oponente, ao afirmar sua própria opinião e também ao expressar otimismo no sentido de que suas diferenças podem ser resolvidas.

Crie um Clima Favorável à Negociação

Em resumo, as barreiras que você tem pela frente são a desconfiança e a hostilidade de seu oponente, sua recusa em ouvi-lo e sua falta de respeito. A melhor estratégia é passar para o lado dele. É mais difícil manter-se hostil e desconfiado em relação a alguém que o ouve e respeita o que você diz e o que você sente. É mais fácil ouvir uma pessoa que escutou o que você tinha a dizer. E respeito gera respeito.

Agradavelmente surpreso com sua atitude, é provável que seu oponente pense: "Parece que essa pessoa realmente entende e reconhece meu problema. Isso é sinal de que ela é inteligente". E aí vem o ponto decisivo: "Talvez eu possa negociar com ela". Esta é a brecha que você estava procurando.

Para concluir, voltemos à negociação entre a AT&T e a Boeing, comentada no início do capítulo. Diante do fracasso das negociações, o chefe de vendas da AT&T marcou uma reunião particular com o diretor de compras da Boeing. Ele iniciou a conversa da seguinte maneira:

— Pensei muito no assunto, tentando entender suas preocupações. Corrija-me se eu estiver errado, mas da maneira como o senhor e seus colegas da Boeing veem o caso, estamos tentando enganá-los, dizendo que estamos preparados para prestar todos esses serviços mas não querendo assumir a responsabilidade por escrito. Isso parece uma negociação de má fé. Daí, é natural que o senhor fique irritado e não veja sentido em continuar. É isso?

— Exatamente isso! — respondeu o comprador da Boeing, com veemência. — Como podemos confiar no que vocês dizem? Se nós estivéssemos negociando a venda de um avião e explicássemos ao comprador todas as especificações de segurança para depois dizer que não as faríamos por escrito, o comprador iria embora na mesma hora. E com toda a razão. Se não quiséssemos assumir responsabilidades, não deveríamos estar no ramo de fabricação de aviões. Se *vocês* não querem se responsabilizar pelo que prometem, não deviam estar no ramo de comunicações!

— O senhor está absolutamente certo — respondeu o chefe de vendas da AT&T. — Se eu estivesse em seu lugar, pensaria exatamente da mesma maneira!

Surpreso, o negociador da Boeing perguntou:

— Então *por que* vocês não garantem seus serviços por escrito e concordam em ressarcir os prejuízos caso não possam cumprir o que foi prometido?

— É claro que garantiremos nossos serviços por escrito. Prejuízos são uma questão problemática para nós, mas estamos dispostos a discuti-la. Antes disso, quero ver se consigo esclarecer o que foi que nos atrapalhou. Acho que só agora estou começando a entender. Ouvi o senhor dizer que a Boeing tem o que se poderia chamar uma "cultura de engenharia". Não pode haver tolerância para ambiguidade ou erro quando vidas humanas estão em jogo. De maneira que, se o senhor garante uma determinada especificação de segurança, tem certeza de que não há margem de erro. E, é claro, tudo precisa ser claramente especificado por escrito. O que estou dizendo faz sentido?

— Sim, o senhor está certo, mas não vejo o que isso tem a ver com nosso problema.

— Se o senhor tiver um pouco de paciência, tentarei explicar por que eu acho que tem tudo a ver com nosso problema. Na AT&T também temos nossos engenheiros, mas nossa principal atividade é prestação de serviços. A nossa cultura é mais uma "de relações". Para nós, nossa relação com o cliente é de suma importância. Se o cliente não está satisfeito, não estamos satisfeitos. Agora, veja bem, quando sua mãe diz que vai preparar seu almoço e levá-lo para a escola, você não diz a ela: "Então, mãe, coloque isso por escrito e responsabilize-se pelos prejuízos", diz?

— Claro que não.

— Você simplesmente acha que ela fará o melhor que puder. É óbvio que existe uma grande diferença entre o serviço doméstico e o serviço de uma empresa, mas isso lhe dá uma ideia de onde viemos. Fazemos promessas verbais e temos toda a intenção de cumpri-las. Nossa folha de serviço, o senhor deve admitir, é excelente. Para nós é um fato inédito um cliente se mostrar desconfiado e exigir uma garantia de indenização por eventuais prejuízos. Foi por isso que nós nos chocamos na última reunião: o senhor vinha de um lugar que era absolutamente correto para o senhor e vínhamos de outro diferente. Isso faz algum sentido para o senhor?

— Acho que está começando a fazer. Deixe-me perguntar-lhe uma coisa...

E assim as negociações foram retomadas.

Como foi que o chefe de vendas da AT&T conseguiu reativar a negociação? Ele reconheceu por antecipação as preocupações da Boeing. Ele ouviu. Ele não tentou refutar o argumento do cliente ou defender a AT&T. Ele simplesmente reconheceu que o cliente tinha razão. Quando o negociador da Boeing viu suas opiniões serem compreendidas e respeitadas, sua irritação passou e ele se tornou mais receptivo. Ele fez uma pergunta, oferecendo uma chance ao representante da AT&T de dar uma explicação. Só então o chefe de vendas fez um panorama da situação sob o seu ponto de vista. No final, ele conseguiu mitigar as desconfianças de seu cliente, fazê-lo ouvir suas explicações e conquistar seu respeito. Em resumo, desarmá-lo. Pouco depois, a AT&T e a Boeing fecharam um negócio no valor de 150 milhões de dólares.

ETAPA 3

Não Rejeite...

Reformule

Combaterei o vício com o trabalho.
— William Shakespeare

Agora que você já criou um clima favorável para negociação, o próximo passo consiste em mudar o jogo. O problema é que, enquanto você quer discutir os interesses de ambos os lados e como satisfazê-los, seu oponente só quer falar da posição dele. Vejamos a seguinte negociação:

DIRETOR FINANCEIRO: Eu não aceito um corte inferior a 10 por cento no seu orçamento. Então estamos combinados, certo?

GERENTE DE MARKETING: Isso é impossível. Não poderemos sobreviver com esse corte.

DIRETOR FINANCEIRO: Sinto muito, mas já comuniquei aos outros chefes de departamento que você concorda com o corte. Se não concordar, todos os outros ajustes ficarão desequilibrados.

GERENTE DE MARKETING: Compreendo seu problema, mas procure compreender o meu. Eu acabei de implantar um novo projeto no meu departamento, que resultará num aumento de produtividade e em uma redução substancial de custos, mas não posso implementá-lo com um corte de 10 por cento. Por que não tentamos chegar a uma solução que seja boa para a empresa?

DIRETOR FINANCEIRO: É justamente o que eu quero, e para isso preciso de sua cooperação. Então ficamos nos 10 por cento, certo?

GERENTE DE MARKETING: Lamento, mas não posso aceitar.

DIRETOR FINANCEIRO: Escute aqui, não quero lhe criar problemas. Mas eu preciso desse corte agora.

GERENTE DE MARKETING: Suponha que eu aceite um corte de 6 por cento. Já chega bem mais perto de seu objetivo. Que acha disso?

DIRETOR FINANCEIRO: Bem, assim fica mais fácil. Agora você só precisa me arranjar mais 4 por cento.

GERENTE DE MARKETING: Seis por cento é o máximo a que eu posso chegar.

DIRETOR FINANCEIRO: O presidente saberá disso!

O que você pode fazer se seu oponente assume uma posição inflexível? Se ele bate o pé "Não aceito um corte inferior a 10 por cento", faz ameaças "Não quero lhe criar problemas...", ou lhe apresenta como um fato consumado "Já comuniquei aos outros chefes de departamento que você concorda com o corte"?

Como as exigências de seu chefe lhe parecem descabidas, seu impulso natural é rejeitá-las de pronto. Você responde à posição dele avançando sua própria posição. Ele, é claro, rejeita sua posição e reafirma a dele. Mesmo que você faça uma contraproposta razoável, ele pode interpretá-la como um recuo, embolsar a concessão e pressionar exigindo mais. Antes que você se dê conta, estará novamente envolvido no jogo duro de seu oponente; exatamente o que você queria evitar.

Existe alguma maneira de atrair seu oponente para o seu jogo de negociação?

Para Mudar o Jogo, Reformule

Lembre-se do segredo de rebatidas do grande batedor de *home runs*, Sadahara Oh. Ele encarava o lançador da equipe adversária como um *parceiro*, que a cada arremesso oferecia a ele uma oportunidade de fazer um *home run*. Oh mudou a estrutura do jogo ao *reformular* a situação.

Para mudar o jogo, você precisa fazer o oposto do que se sente tentado a fazer. Em vez de rejeitar, aceite o que seu oponente diz e transforme-o na negociação que você quer fazer. Em outras palavras, reformule.

Reformular significa dar uma forma diferente ao que seu oponente diz, de modo a dirigir a atenção para o problema de satisfazer os interesses de ambos. É como trocar a moldura de um quadro. Neste caso, significa colocar uma moldura para solucionar problemas em torno das declarações de seu oponente. Você age como se ele estivesse tentando solucionar o problema, atraindo-o assim para o novo jogo.

Veja este exemplo: em 1979 o tratado SALT II, sobre controle de armamentos, seria apresentado para ser homologado no Senado dos Estados Unidos. A fim de obter a maioria necessária de dois terços, os líderes do Senado queriam acrescentar uma emenda, o que só seria possível com o consentimento da União Soviética. Como um jovem senador norte-americano, Joseph R. Biden Jr. — atual vice-presidente dos EUA —, estava de viagem para Moscou, a liderança do Senado solicitou-lhe que levantasse a questão junto ao ministro das relações exteriores soviético, Andrei Gromyko.

O jogo em Moscou foi desequilibrado: um jovem senador inexperiente frente a frente com um diplomata antipático e de vasta experiência. Gromyko iniciou a discussão com uma eloquente dissertação sobre como os soviéticos sempre competiram com os americanos na corrida armamentista, e concluiu argumentando que o SALT II favorecia mais os americanos e que, portanto, o Senado devia homologar o tratado sem alterações. A posição de Gromyko em relação à emenda proposta era um inequívoco *nyet*.

Aí, então, foi a vez de Biden. Em vez de discutir com Gromyko e assumir uma posição contrária, ele falou de maneira solene: "Sr. Gromyko, suas justificativas são muito persuasivas. Eu concordo com grande parte do que o senhor falou. Todavia, quando eu voltar para o Senado e relatar a meus colegas o que o senhor acaba de me dizer, alguns deles, como o senador Goldwater ou o senador Helms, não serão persuadidos, e receio que as preocupações deles influenciem os outros".

Biden pôs-se a explicar quais eram essas preocupações: "O senhor tem mais experiência nessas questões de controle de armamentos do que qualquer outra pessoa na face da Terra. Como o senhor me aconselharia a responder às questões levantadas pelos meus colegas?".

Gromyko não resistiu à tentação de aconselhar o jovem e inexperiente americano. Começou dando-lhe instruções sobre o que deveria dizer a seus colegas senadores. Uma por uma, Biden foi levantando as questões que precisavam ser tratadas, e Gromyko analisou todas elas. No final, avaliando talvez pela primeira vez como a emenda ajudaria a conquistar os votos indecisos, Gromyko voltou atrás em sua decisão e deu seu consentimento.

Em vez de *rejeitar* a posição de Gromyko, que teria levado a uma discussão sobre posições, Biden agiu como se Gromyko estivesse interessado em solucionar o problema e pediu seu conselho. Ele *reformulou* a conversa, transformando-a em uma discussão construtiva sobre como resolver as questões levantadas pelos senadores e vencer a votação de homologação do tratado.

A reformulação funciona porque toda mensagem fica sujeita a interpretação. Você tem o *poder da percepção positiva*, a possibilidade de colocar uma moldura de solução do problema em torno de tudo o que seu oponente disser. Na maioria das vezes ele aceitará sua reinterpretação, assim como ocorreu com Gromyko, em parte por ficar surpreso de você não ter rejeitado a posição dele e em parte por estar ansioso em prosseguir com seu argumento.

Como seu oponente está concentrado no *resultado* da negociação, talvez ele nem perceba que você mudou sutilmente o processo. Em vez de ficar disputando posições, você procura a melhor maneira de satisfazer os interesses de cada um. Não é preciso pedir permissão a seu oponente, basta começar a jogar o novo jogo.

A reformulação é uma das armas mais fortes que um negociador possui. *A maneira de mudar o jogo é reformulá-lo.*

Faça Perguntas Voltadas à Solução do Problema

A maneira mais óbvia de dirigir a atenção de seu oponente para o problema é falando do problema. Contudo, se você fizer afirmações, é bem provável que ele se mostre resistente. A melhor estratégia é fazer perguntas. Em vez de dar a resposta certa, procure fazer a pergunta certa. Não explique o assunto, deixe que o problema seja o professor de seu oponente.

O instrumento mais valioso na reformulação é a pergunta voltada à solução do problema, a qual focaliza os interesses de cada um dos lados, as opções para satisfazê-los e os padrões de justiça para acertar as diferenças. Eis algumas das perguntas mais práticas de serem feitas:

Pergunte Por Quê

Em vez de encarar a posição de seu oponente como um obstáculo, considere-a como uma oportunidade. Ao afirmar sua posição, ele lhe dá valiosas informações sobre o que ele deseja. Instigue-o a dizer mais, perguntando: "Por que você quer isso?", "Qual é o problema?" ou "O que o preocupa?". Descubra o que realmente o motiva.

A maneira de perguntar é tão importante quanto o conteúdo da pergunta. Se perguntas diretas parecerem agressivas, coloque-as na forma indireta: "Não estou bem certo se entendi por que você quer isso", "Ajude-me a entender por que isso é tão importante para você" ou "Isso parece mexer muito com você; gostaria de entender por quê". Lembre-se também de preceder a pergunta com uma demonstração de reconhecimento: "Eu estou ouvindo. Tenho certeza de que a política da empresa tem um bom objetivo; poderia, por favor, explicar isso para mim?". Finalmente, ao demonstrar seu interesse e respeito, lembre-se de que seu tom de voz, expressão facial e linguagem corporal são tão importantes quanto suas palavras.

Fazer perguntas para desvendar interesses é como descascar uma cebola. Você vai tirando uma camada atrás da outra, como na seguinte conversa:

— Por que você quer deixar o emprego? — perguntou um dos sócios de uma firma de advocacia de Nova York.

— Porque eu preciso ganhar mais e vocês não podem me dar um aumento suficiente.

— Qual é o problema?

— Bem, nós agora temos mais um filho e precisamos nos mudar para um apartamento maior.

— E o que o impede?

— Não conseguimos encontrar um apartamento em um valor que eu consiga pagar.

Tendo chegado à raiz do problema, o sócio usou seus contatos para encontrar um apartamento condizente com o salário de seu funcionário, e o funcionário acabou ficando por mais trinta anos na firma, chegando inclusive à posição de sócio. A sondagem persistente dos interesses subjacentes ajudou a realização de um acordo mutuamente satisfatório.

Lembre-se de que os interesses relevantes não são só de seu oponente, mas também das pessoas que ele representa. A posição inflexível que ele mantém pode ter menos a ver com os interesses dele do que com os interesses de seu chefe, dos acionistas ou da família. Pergunte sobre os interesses *deles* também.

Pergunte Por Que Não

Se o seu oponente reluta em revelar seus interesses, faça uma abordagem indireta. Se perguntar *por que* não dá resultado, experimente perguntar *por que não*. Proponha uma opção e pergunte: “Por que não fazer assim?” ou “O que haveria de errado com esta abordagem?”. As pessoas que relutam em revelar suas preocupações geralmente adoram criticar. Se você está envolvido em uma negociação de orçamento e pergunta “Por que não deveríamos cortar o orçamento do marketing?”, o chefe de marketing responderá: “Eu explico por quê. As vendas cairão, a diretoria começará a nos pressionar, e eu acabarei digitando um novo currículo”. Sem se dar conta, ele acaba de lhe dar valiosas informações sobre seus interesses: seu interesse nas vendas, sua preocupação com a pressão da diretoria e seu medo de perder o emprego.

Caso seu oponente, mesmo assim, se recuse a revelar seus interesses, traga-os você mesmo à tona e peça a ele que o corrija. Se estiver tentando persuadir um fornecedor relutante a acelerar a produção, você pode lhe dizer: “Se eu entendi bem, seus interesses estão em manter os custos baixos, a qualidade alta e o serviço confiável. É isso mesmo?". Poucas pessoas resistem à tentação de corrigir alguém que interpretou mal seus interesses. O fornecedor pode responder "Não é bem isso. Você se esquece do..." e ele desata a falar de seus interesses.

Se seu oponente continua resistindo, talvez seja por temer que você use a informação para tirar vantagem dele. Para conquistar a confiança dele e deixá-lo mais à vontade, fale primeiro de seus próprios interesses: "Eu gostaria de acelerar a produção para aproveitar o novo mercado. Meus distribuidores estão me pressionando para que eu entregue o produto e, pessoalmente, sinto que minha credibilidade está em jogo. Você pode me falar alguma coisa dos empecilhos que o impedem de acelerar a produção?". Se o fato de revelar seus interesses o faz sentir-se vulnerável, você não precisa falar tudo de uma vez. Fale um pouco de seus interesses, pergunte a seu oponente dos dele, depois dê mais um pouco de informação, e assim por diante, conquistando a confiança dele aos poucos.

Pergunte E Se

O próximo passo consiste em levar seu oponente a discutir as opções. Para introduzir uma série de soluções possíveis sem desafiar a posição de seu oponente, use uma expressão muito prática e poderosa: "E se...?".

Suponha que seu cliente declare: "Isso é tudo o que temos no orçamento para pagar por esse projeto de consultoria. Não podemos pagar nem mais um tostão!". Pergunte-lhe: "E se estendêssemos o projeto de maneira que o excedente entraria no orçamento do próximo ano?". Ou: "E se reduzíssemos a magnitude do projeto para ficar condizente com seu orçamento?". Ou: "E se o ajudássemos a explicar a seu chefe como os benefícios que o projeto proporcionará à empresa justificam um pedido de aumento no orçamento?". Se você conseguir que ele responda a uma dessas perguntas, terá conseguido mudar o jogo. No momento seguinte, ele estará analisando as opções com você.

Transforme a conversa numa sessão de sugestão de ideias. Pegue a posição de seu oponente e reformule-a como uma opção possível entre muitas. Suponha, por exemplo, que você esteja tendo uma difícil negociação em família para decidir onde vocês passarão as festas de fim de ano. Seu cônjuge insiste em ir para a casa dos pais dele ou dela. Em vez de rejeitar a proposta, você pode dizer: "Esta é uma possibilidade". Proponha mais uma ou duas opções e peça a seu cônjuge para propor mais algumas: "Outra possibilidade seria passá-las com meus pais. Ou, então, que tal dividirmos entre os dois: o Natal com a sua família, e o Ano-Novo com a minha? Você tem mais alguma ideia?".

Se seu oponente começar a criticar suas opções, diga: "Eu bem que gostaria de ouvir suas críticas, mas não seria melhor deixar isso para depois, quando já tivermos todo o leque de opções? Aí então veremos qual é a mais conveniente". Como o julgamento inibe a criatividade, primeiro crie e depois avalie.

Peça Conselhos ao Seu Oponente

Outra maneira de engajar seu oponente em uma discussão de opções é pedindo conselhos a ele. Essa é provavelmente a última coisa que ele espera que você faça. Pergunte-lhe: "O que você sugere que eu faça?", "O que você faria no meu lugar?" ou "O que você diria aos meus eleitores?". Essa foi a estratégia usada pelo senador Biden junto ao ministro Gromyko.

A pessoa se sente lisonjeada quando alguém lhe pede um conselho. Você está, de fato, reconhecendo a competência e o nível de seu oponente. Você não só o desarma como também tem a chance de informá-lo sobre seu problema e os obstáculos que você enfrenta.

Imagine que você precise conseguir aprovação para abrir uma exceção na política da empresa junto a um burocrata conhecido por seu rigor. Você já sabe que, se lhe pedir diretamente, ele reclamará em alto e bom som de você e de todos que estejam tentando infringir as regras. Então você diz: "Sr. Talbot, o senhor me foi recomendado como um grande conhecedor da política da empresa. Tenho um problema e vim pedir seu conselho". Depois de explicar a situação, você pergunta: "Como o senhor sugere que eu proceda?".

Quando seu oponente se envolve em seu problema, ele se empenha em representar à altura o papel positivo e poderoso em que você o colocou e, na maioria das vezes, apresenta uma solução; é possível que o sr. Talbot abra uma exceção na política da empresa.

Todavia, se ele responder reforçando a política, respeite seus interesses e continue a pedir seu conselho: "Pois é, eu compreendo as razões dessa política. É importante que o senhor a preserve. Por outro lado, este projeto é muito importante para o futuro da empresa. O que o senhor sugere que se faça para conseguir realizá-lo?". Se o sr. Talbot disser que não há nada que ele possa fazer, então diga: "Eu compreendo. O senhor sabe me dizer com quem eu poderia falar para conseguir uma exceção?".

Pedir conselhos é um dos modos mais eficazes de se virar o jogo.

Pergunte Por que isso é Justo?

Você pode achar a posição de seu oponente insensata. Contudo, em vez de rejeitá-la, você pode usá-la como um ponto de partida para uma discussão sobre padrões de justiça.

Aja como se ele devesse acreditar que a posição dele é justa; e ele geralmente acredita. Diga a ele: "Você deve ter boas razões para pensar que essa é uma solução justa. Gostaria que você me dissesse quais são elas".

Suponha, por exemplo, que um cliente importante lhe diga que espera que a taxa de serviço não esteja incluída no preço do produto e que não seja cobrada, vindo em forma de bonificação. Você sente que não pode dizer não sem ofendê-lo. Por outro lado, se disser sim, será uma decisão cara. Então você lhe pergunta: "Por que você acha que isso seria justo? Os nossos concorrentes não cobram pelo serviço?". Você está usando um padrão de justiça (no caso, a prática de mercado) para que ele possa ver por si mesmo que sua exigência é injusta. Como o filósofo francês Blaise Pascal escreveu há mais de três séculos: "As pessoas geralmente se convencem mais por razões que elas descobriram por si próprias do que por razões apresentadas por outras pessoas".

Em uma negociação de compra, o vendedor pedia um preço que parecia excessivamente alto por sua empresa. Em vez de rejeitar o preço, o comprador decidiu dar-lhe uma aula. Ele começou perguntando ao vendedor qual era o lucro previsto para a empresa no primeiro ano. O vendedor respondeu: "Nosso faturamento será de 4 milhões, o que equivale a um lucro de 400 mil dólares". Tendo esse ponto de referência otimista, o comprador pôde dizer: "Se você está dizendo, tenho certeza de que atingirá essa meta. Afinal de contas, você está dirigindo uma grande empresa. Só que o preço dela é baseado em sua estimativa. Você sabe melhor do que eu quantas coisas podem fazer baixar esse preço. Se vocês não atingirem essa projeção, teremos uma redução no preço?". Questionando a justificativa do preço, o comprador conseguiu uma considerável redução sem jamais ter rejeitado o preço abertamente.

Às vezes, para começar uma discussão sobre um resultado justo, você precisa propor um padrão. No caso anteriormente citado, o comprador optou pelo padrão da contabilidade para determinar um preço justo. Ele disse ao vendedor: "Meu contador levantou uma questão, embora eu tenha certeza de que você já deve estar ciente disso. Nós provavelmente teremos de fixar uma provisão para eventuais perdas no Contas a Receber, no valor de aproximadamente meio milhão de dólares... É uma prática contábil lógica, considerando-se a situação de sua empresa. Isso pode vir a baixar o valor líquido da empresa, o que significa que teremos de analisar mais profundamente o preço que você está pedindo". O vendedor fez mais uma redução substancial no preço.

Se o seu oponente rejeitar seu padrão, desafie-o a apresentar um padrão melhor. A discussão de diferentes padrões lhe possibilitará atingir o objetivo de desviar o foco das posições e concentrar-se em resultados justos.

Deixe Suas Perguntas em Aberto

Não é qualquer pergunta que serve. Para que seja uma pergunta destinada à solução do problema, ela precisa ser aberta e elucidativa.

O modo de formular a pergunta determina a resposta. Quando um funcionário de uma empresa ou de uma repartição pública declara: "Lamento, mas você não pode fazer isso; é política da empresa", você fica tentado a perguntar: "E essa política não pode ser modificada?". E a resposta que você indubitavelmente receberá é um sonoro não. Se tivesse pensado antes de perguntar, teria previsto a resposta. De fato, a pergunta provocou um não.

Seu oponente pode facilmente responder com um não a perguntas que proporcionem respostas do tipo sim-não. Portanto, faça perguntas que não possam ser respondidas com um não. Em outras palavras, faça-as em aberto, começando com expressões do tipo "como", "por que", "por que não", "o que" ou "quem". Fica mais difícil para seu oponente responder com um não a perguntas como "Qual é o propósito dessa política?". "Quem tem autoridade aqui para abrir uma exceção?" e "Como me aconselha a proceder?".

Muita gente faz perguntas para as quais seu oponente tem uma resposta pronta. Veja o exemplo de um negociador britânico em uma questão de controle de armamentos, o qual, qualquer que fosse a proposta por ele apresentada ao representante soviético, recebia sempre um alto e sonoro *inyet*. Depois de passar um ano recebendo esse tratamento, o britânico chamou o soviético de lado e expressou sua exasperação. O negociador soviético respondeu: "Para mim é igualmente frustrante negociar com instruções tão inflexíveis de Moscou. O problema é que você sempre me faz perguntas para as quais eu já tenho respostas prontas. Por que não me pergunta alguma coisa que eu não tenha instruções para responder?". Perplexo, o diplomata britânico fez o que o soviético sugeriu e, na sessão seguinte de negociação, fez uma pergunta nova, elucidativa. O negociador soviético, então, disse que, como não tinha instruções para responder àquela questão, teria de viajar a Moscou. Lá ele conseguiu persuadir seus superiores do Kremlin a lhe darem a necessária flexibilidade para chegarem a um entendimento.

Aproveitando o exemplo dos dois diplomatas, você deve fazer perguntas para as quais seu oponente não tenha "instruções", ou respostas prontas. Suas perguntas devem fazê-lo raciocinar, assim como as dúvidas de Biden levaram Gromyko a debater as restrições dos senadores. Analisando suas perguntas, seu oponente pode mudar de ideia e tornar-se mais propenso a um acordo.

A Força do Silêncio

Apenas metade do poder da pergunta destinada à solução do problema está na pergunta propriamente dita. A outra metade se encontra no silêncio que se segue, enquanto seu oponente luta com a pergunta e tenta encontrar uma resposta. Um erro frequente é privá-lo desse tempo criativo. Se ele demorar a responder, talvez você se sinta constrangido com o silêncio. Em uma conversa normal, quando você nota que sua pergunta deixou a outra pessoa constrangida, você a socorre quebrando o silêncio.

Resista a essa tentação e espere seu oponente responder. Afinal de contas, você fez uma pergunta perfeitamente pertinente. Deixe que o silêncio e o desconforto atuem na mente dele. Ele pode acabar respondendo com uma informação sobre seus interesses, uma possível opção ou um padrão relevante e, a partir daí, ele está participando do jogo de negociação para a solução do problema.

Lembre-se de que basta uma resposta para dar a partida. Portanto, seja persistente. Se uma pergunta não produz os resultados que você esperava, experimente por outro ângulo, exatamente como faria um entrevistador habilidoso. Se observar o procedimento de negociadores bem-sucedidos, verá que eles fazem inúmeras perguntas.

Reformule a Tática

As perguntas destinadas à solução do problema permitem-lhe reformular a posição de seu oponente em termos de interesse, opções e padrões. Porém você precisa, também, enfrentar a tática, os obstáculos, os ataques e os truques que ele usa para tentá-lo a aceitar sua posição. Como você deve fazer para reformular a tática dele, de modo a fazê-lo se concentrar no problema?

Contorne os Obstáculos

O que fazer se o seu oponente se tranca em uma posição extrema, lhe diz "é pegar ou largar", ou fixa um prazo final rígido?

Para contornar um obstáculo, você pode ignorá-lo, reinterpretá-lo, ou testá-lo.

Ignore o Obstáculo. Se o seu oponente declara "E pegar ou largar!" ou "Você tem um prazo até as cinco horas para se decidir, ou o negócio estará desfeito!", você não tem como saber se ele está falando a sério ou apenas blefando. Assim sendo, teste a seriedade dele ignorando a tática. Continue falando do problema como se não tivesse ouvido o que ele falou ou mude totalmente de assunto. Se ele estiver falando a sério, repetirá a mensagem.

Reinterprete o Obstáculo como Sendo uma Aspiração. Suponha que um líder sindical lhe diga: "Avisei meu pessoal que, se eu não conseguir um aumento de 50 por cento, eles terão minha cabeça em uma bandeja de prata". Ele se trancou em uma posição. Se você contestar o compromisso que ele assumiu, apenas tornará mais difícil para ele voltar atrás. Reinterprete o compromisso como uma aspiração e volte a se concentrar no problema: "Acho que todos nós temos nossas aspirações. A direção está sob pressão devido à crise na economia e adoraria poder reduzir os salários. Mas creio que é melhor sermos realistas e examinarmos os méritos da questão de salários. Qual é o salário que as outras empresas estão pagando pelo mesmo serviço?". Sua reinterpretação ajuda seu oponente a encontrar uma saída elegante daquele compromisso por ele assumido.

Por outro lado, se você tem um prazo final rígido imposto por seu oponente, em vez de rejeitá-lo você pode suavizá-lo, reinterpretando-o como um objetivo: "Nós todos gostaríamos de concluir as negociações até lá. Seria o ideal. É melhor retomarmos os trabalhos imediatamente". E, então, concentre-se no problema com grande empenho para mostrar sua boa vontade.

Leve o Obstáculo a Sério, mas Teste-o. Uma terceira técnica consiste em testar o obstáculo para ver se ele é mesmo real. Por exemplo, trate com seriedade o prazo fixado por seu oponente, mas, ao se aproximar do final, dê um jeito de ser chamado para um telefonema ou uma reunião urgente. Negociadores de casos de sequestro, por exemplo, sempre encontram um evento "incontrolável", tal como um feriado bancário, que os impossibilita de conseguir o dinheiro do resgate dentro do prazo fixado pelos sequestradores. Um renomado negociador explica: "Nós gostamos de prazos finais. Quanto menor o prazo, melhor; porque, uma vez estourado o prazo, você desmantela o jogo deles".

Outra maneira de testar um obstáculo sem contestá-lo é fazendo perguntas. Se um vendedor de automóveis declara que o preço é final, pergunte se pode arranjar um financiamento ou um bom preço por seu carro usado. Se o vendedor começar a demonstrar flexibilidade, você terá constatado que o preço talvez não seja tão final assim.

Lembre-se de que há ocasiões em que você pode tirar vantagem dos obstáculos levantados por seu oponente. Se ele lhe deu um prazo improrrogável, por exemplo, você pode dizer: "Bem que eu gostaria de reunir a diretoria para lhe fazer uma proposta mais generosa, mas em vista do problema de tempo, isso é o máximo que eu posso oferecer no momento". Ou: "Para cumprir o prazo que você fixou, precisaremos de sua ajuda. Acha que pode mandar retirar a mercadoria?".

Desvie os Ataques

E se o seu oponente o ameaça, o insulta ou o culpa por alguma coisa que não deu certo? Como você pode reformular um ataque, desviando o foco de você e concentrando-o no problema?

Ignore o Ataque. Uma das técnicas é fingir que não notou o ataque e continuar falando do problema. Suponha que você é um líder sindical tratando com um patrão difícil que ameaça demitir metade da força de trabalho se você não ceder a suas exigências de reduzir os salários. Se você der atenção à ameaça, tornará mais difícil um recuo por parte dele. Se responder: "Não seja ridículo. Você não faria uma coisa dessas!", ele pode se sentir desafiado a provar o que disse. Sendo assim, ignore a ameaça e concentre-se na crise financeira da empresa: "Sei que você está passando por um aperto financeiro. Diga-me, como está a nossa situação?".

Se o seu oponente percebe que sua tática agressiva não funciona, é bem provável que ele pare. Um comprador tinha a fama de deixar seus vendedores esperando do lado de fora do escritório a fim de deixá-los perturbados e torná-los mais flexíveis nas negociações. Um dos vendedores decidiu ignorar a tática, trazendo um livro para ler enquanto aguardava. Quando o comprador finalmente convidou-o a entrar, o vendedor fez uma encenação, fechando o livro com relutância, como se a espera não o tivesse incomodado em absoluto. Quando o comprador interrompeu a reunião para atender a um demorado telefonema, o vendedor sacou novamente o livro. Depois de duas ou três reuniões desse tipo, o comprador percebeu que sua tática não estava funcionando e parou de usá-la.

Reformule o Ataque, Transferindo-o de Você para o Problema. Uma segunda técnica é reinterpretar o ataque. Suponha que você esteja tentando conseguir a aprovação do departamento para um novo produto e um colega decide censurá-lo: "Para que perder tempo apresentando uma proposta que nunca será aprovada?". Você pode ficar na defensiva e se tornar hostil. Ou, então, pode ignorar a crítica pessoal, respeitar a observação do colega e reinterpretá-la como um ataque ao problema: "Talvez você tenha razão. Em que você acha que a proposta pode ser melhorada para que seja aprovada?".

Seu agressor está fazendo duas afirmações: primeiro, que sua proposta não é boa; e, segundo, que você é incompetente.

Você tem o poder de escolher qual das duas declarações reconhece. Escolhendo a questão que se refere à proposta, você se desvia do ataque pessoal e dirige a atenção de seu oponente para o problema.

Reformule um Ataque Pessoal, Interpretando-o como um Gesto Amistoso. Outra maneira de reformular um ataque pessoal é interpretando-o como um gesto amistoso. Veja o exemplo do general que, no século XVIII, caiu nos maus grados do rei guerreiro prussiano Frederico, o Grande. Aproximando-se do rei, o general saudou-o com o maior respeito, mas Frederico deu-lhe as costas.

— Fico feliz de ver que Vossa Majestade não está mais zangado comigo — murmurou o general.

— Como assim? — retrucou Frederico.

— Porque Vossa Majestade jamais virou as costas a um inimigo — respondeu o general.

Desarmado, o rei fez as pazes com o general.

Na vida cotidiana, você pode reformular um ataque pessoal como uma demonstração de interesse e voltar o foco de atenção para o problema. Por exemplo, se o seu oponente tenta perturbá-lo dizendo: "Você sabe que não está com bom aspecto. Tem certeza de que se sente bem?", você pode responder: "Obrigado pelo seu interesse. Eu me sinto ótimo agora que estamos chegando a um entendimento".

Reformule Erros do Passado Transformando-os em Remédios do Futuro. O ataque de seu oponente geralmente assume a forma de acusação. Na discussão do orçamento doméstico, por exemplo, o marido acusa a esposa:

— Você gasta dinheiro em bobagens inúteis! Lembra-se daquele gato de cerâmica de 75 dólares que você comprou?

A esposa responde:

— Ora, e quanto a você, seu exibido, que levou todos os seus colegas a um bar na semana passada? Quanto isso custou?

E assim eles continuam por várias horas, discutindo o passado, enquanto o orçamento fica esquecido.

Sempre existe a oportunidade de reformular a questão do passado para o futuro, deixando de procurar culpados para descobrir o que se pode fazer quanto ao futuro. A esposa pode dizer ao marido: "Sim, Ben, nós dois já concordamos que era dinheiro demais por um gato de cerâmica. Eu não farei mais isso. Mas e quanto ao orçamento do próximo mês? O que podemos fazer para ter certeza de que não gastaremos além da conta?".

Quando seu oponente o criticar por um incidente do passado, não perca a oportunidade de perguntar: "O que podemos fazer para que isso nunca mais aconteça?". Reformule a acusação transformando-a em uma responsabilidade conjunta para solucionar o problema.

Reformule "Eu" e "Você" para "Nós": Quando marido e mulher estão discutindo sobre o orçamento doméstico, só se ouve "Você fez isso! Você fez aquilo!" e "Eu não fiz!". Uma simples mudança na linguagem, trocando o "eu" e "você" para "nós" pode ajudar. A esposa pergunta: "O que (nós) podemos fazer para ter certeza de que não gastaremos além da conta?". O "nós" cria uma cumplicidade, chamando a atenção para interesses e objetivos comuns a ambos.

Um meio simples e eficaz de reformular a situação do "eu" e "você" para "nós" é por meio da linguagem corporal. Quando as pessoas discutem, elas em geral ficam frente a frente, expressando fisicamente o confronto. Procure um pretexto natural para sentar-se lado a lado com seu oponente. Pegue um documento ou uma proposta por escrito e sente-se ao lado de seu oponente para examiná-la. Ou sente-se ao lado de seu cônjuge no sofá, em vez de ficarem gritando um com o outro por sobre a mesa da cozinha. Conversar lado a lado não tem o efeito mágico de transformar a situação, mas reforça a ideia de que vocês são parceiros enfrentando um difícil desafio juntos.

Exponha os Truques

A tática mais difícil de se reformular é o truque. Os truques se aproveitam das pressuposições comuns na negociação feita de boa-fé: que o outro está falando a verdade, que ele cumprirá suas promessas, que ele tem a autoridade que insinua ter e que, uma vez resolvida a questão, ela não será renegociada. É difícil reformular truques porque eles já vêm embalados em uma linguagem de cooperação e sensatez a fim de enganá-lo.

Você pode contestar o truque diretamente, é claro, mas os riscos são grandes. Primeiro, você pode estar enganado. E, mesmo que esteja certo, seu oponente pode se ofender por ser chamado de mentiroso ou trapaceiro, e o relacionamento ficará abalado.

A alternativa para rejeitar o truque é fingir que não o notou. Responda como se o seu oponente estivesse negociando de boa-fé, mas aja com certa lentidão e faça perguntas para testar sua sinceridade. Em outras palavras, faça-se de bobo. Se o seu oponente estiver sendo sincero, suas perguntas serão inofensivas. Se ele estiver tentando enganá-lo, você exporá o truque. Não tendo entrado em confronto com seu oponente, ele poderá salvar as aparências fingindo que tudo não passou de um mal-entendido ou um engano.

Faça Perguntas Esclarecedoras. Faça perguntas que lhe permitam conferir e esclarecer as declarações de seu oponente. Se está comprando uma empresa, e o vendedor incluiu uma cifra relevante de Contas a Receber em seu preço líquido, diga em um tom amistoso: "Você deve ter boas razões para acreditar que essas contas a receber serão realmente pagas. Gostaria que você me explicasse por que pensa assim". Peça maiores esclarecimentos quando ele citar chefia ou metodologias como computadores e planilhas eletrônicas como resposta. Não hesite em pressioná-lo um pouco e cuidado com as respostas ambíguas ou evasivas. Se notar uma contradição, não a conteste diretamente. Finja que está confuso: "Desculpe, mas acho que não entendi. Poderia me explicar como isso se relaciona com o que você falou antes?".

Uma das maneiras de testar suas desconfianças é fazendo perguntas cujas respostas você já sabe. Você poderá ficar bem informado observando a maneira como ele distorce as respostas.

Um truque muito usado é levar você a acreditar que ele tem poder de decisão, quando não tem. Depois de gastar toda a sua flexibilidade, você descobre que ele precisa pedir a aprovação do chefe ou da diretoria, os quais, por sua vez, podem fazer concessões adicionais. Para se proteger, antes de tomar qualquer decisão faça perguntas que definam o poder de seu oponente: "Devo presumir que você tem autoridade para decidir essa questão?". A resposta deve ser específica. Se ele não tiver plenos poderes, procure saber quem mais deve dar autorização e quanto tempo você deverá esperar para obter a resposta.

Outro truque comum é a exigência de última hora, depois que vocês chegaram a um acordo. Em vez de contestar a exigência, você pode perguntar: "Está sugerindo que devemos reabrir a negociação?". Se ele disser que não, você diz: "Bem, então acho que devemos nos ater ao que ficou combinado". Se, no entanto, ele disser que sim, você pode dizer: "Está bem. Trataremos dessa questão em separado, sem compromisso de nenhuma das partes. Você fala com seu chefe, e eu falarei com meu advogado para ver se tenho alguma alteração a sugerir amanhã". Se ele quer algo a mais, você deve receber algo em troca.

Faça uma Solicitação Razoável. Ao tratar com uma pessoa que recorre a truques, você tem uma vantagem que não teria com alguém que se recusa abertamente a cooperar, que se empenha em parecer sensata. Assim sendo, leve a sério o que ele diz e submeta-o a um teste, deixando-o num dilema. Ou ele coopera, como dizia ser sua intenção, ou deixa cair a máscara de uma vez. Em outras palavras, você pode administrar um "teste de solicitação razoável".

Faça uma solicitação razoável, com a qual seu oponente concordaria se estivesse realmente disposto a cooperar. Se, por exemplo, você desconfia que ele está escondendo contas que serão difíceis de receber, diga: "Se não se importa, eu gostaria que meu contador desse uma olhada em seus registros e verificasse o Contas a Receber, apenas como um procedimento de rotina". Se o vendedor se recusar a mostrar os livros a seu contador, é sinal de que ele não quer cooperar, de onde se conclui que você não pode confiar no que ele lhe disse.

Se o seu oponente menciona um "credor exigente" como justificativa para mais uma exigência, você pode solicitar o seguinte: "Desculpe, Jerry, mas acho que não entendi bem. Será que cometemos um erro não incluindo seus banqueiros em nossas reuniões anteriores? Detesto pensar que o deixei em uma situação desagradável. Talvez seja melhor eu falar com eles e rever os termos que discutimos. Você pode marcar essa reunião?".

Jerry tem várias opções. Ele pode deixar que você converse com os banqueiros, o que lhe dará uma ideia melhor das objeções por eles levantadas e a certeza de se tratar ou não de um truque. Ou ele pode não concordar com a reunião, e nesse caso você deve ficar atento; ou, então, ele pode desistir da tática e se restringir ao acordo original. Qualquer que seja o resultado, você está livre para fazer outras solicitações razoáveis e perguntas esclarecedoras.

Vire o Truque a Seu Favor. Se você detectar o truque de seu oponente, poderá usá-lo a seu favor. Suponha que você está representando a esposa em um caso de divórcio. O marido promete pagar pensão para o filho, mas você tem motivos para achar que ele não cumprirá o prometido. Quando você expõe sua preocupação, o advogado dele protesta, dizendo que é óbvio que seu cliente pagará.

— Tem certeza? — você pergunta.

— Certeza absoluta. Meu cliente é um homem honesto — responde o advogado.

— Então ele certamente não se oporá a acrescentar uma cláusula garantindo que, no caso de um atraso de três meses no pagamento, minha cliente receberá a parte dele na casa, em substituição à pensão do filho.

Quanto maior a veemência do advogado ao afirmar a idoneidade de seu cliente, mais difícil será para ele se opor.

Negocie as Regras do Jogo

Se, apesar de todos os seus esforços, seu oponente continuar recorrendo a obstruções, ataques e truques, você deverá reformular a conversa de outra maneira, transformando-a em uma negociação da negociação.

Na realidade, estão ocorrendo duas "negociações". Uma é a negociação do *essencial,* os termos e condições, preços e prazos. A segunda é a das *regras do jogo.* Como ela deve ser conduzida? Se observar pais e filhos, por exemplo, negociando questões corriqueiras como o horário de ir dormir, verá que eles também estão constantemente renegociando até que ponto as manhas, ameaças e subornos são táticas aceitáveis.

Geralmente essa segunda negociação permanece tácita. Todavia, se você não consegue mudar o jogo, precisa torná-la explícita, falar sobre o comportamento de seu oponente. Às vezes, basta apenas mencionar a tática.

Mencione a Tática

A pessoa que se utiliza de táticas está geralmente sondando para ver exatamente até onde pode chegar. A fim de fazê-la parar, *mostre-lhe que você sabe* o que ela está fazendo. Ao mencionar a tática, você está enviando a seguinte mensagem: "Eu não nasci ontem. Conheço esse jogo. Sua tática não vai funcionar". Se o seu oponente quer um acordo, ele deixará a tática de lado, pois sabe que, usando-a, será mais difícil chegar a um entendimento.

O problema é que seu oponente pode interpretar seu gesto como um ataque: o segredo é reformular a tática dele, fazendo-a parecer uma contribuição interessante em vez de um truque desleal.

Veja o seguinte exemplo: Liz e Pam são duas advogadas jovens tentando comprar uma coleção de livros usados de direito de dois advogados veteranos, Bob e Charlie. No início da discussão, Bob anuncia com voz firme:

> — O mínimo que aceitamos por esses livros é 13 mil dólares. É pegar ou largar.
>
> Charlie, entretanto, argumenta com seu sócio:
>
> — Ora essa, Bob, elas estão começando a carreira. Podemos lhes fazer um desconto. Que tal deixarmos por 11 mil e não se fala mais nisso?

O preço de mercado daqueles livros seria de 7 mil dólares, mas Bob e Charlie montaram uma encenação em que Bob é o vilão, pedindo um preço exagerado, e Charlie é o bonzinho, pedindo um preço supostamente justo. Em muitas ocasiões a extrema necessidade poderia ter surtido o efeito desejado de pressionar Liz e Pam a aceitarem a oferta de Charlie, temendo que Bob pudesse fazê-lo mudar de ideia.

Nessa ocasião, entretanto, Liz responde dizendo:

> — Isso é interessante... — Faz uma breve pausa para poder pensar e, então, desata a rir, exclamando com admiração: — Vocês são simplesmente sensacionais! Essa é a melhor encenação da dupla bonzinho-e-vilão que vi nos últimos anos. Vocês planejaram isso ou foi só uma coincidência? Agora, falando sério, vamos ver se chegamos a um preço justo pelos livros.

Bob e Charlie ficam sem saber o que responder. Eles não podem se ofender, já que Liz os está elogiando e eles não sabem ao certo se ela está falando sério. De qualquer maneira, insistir na tática seria inútil, pois ela só surte efeito quando a outra pessoa não está ciente dela. Tendo neutralizado a tática sem ficar mal com seus oponentes, Liz e Pam podem continuar a negociar a compra dos livros pelo seu valor justo.

É importante que você mencione a tática sem dar a impressão de estar atacando seu oponente pessoalmente. Chamá-lo de mentiroso ou trapaceiro não o torna mais receptivo à negociação da solução do problema. Demonstrando admiração pela habilidade de Charlie e Bob e comentando a tática com simpatia, Liz os ajuda a salvar as aparências. Ela não está interessada em marcar pontos, mas em comprar uma coleção de livros de direito por um preço justo e criar uma relação profissional com uma firma de advocacia bem estabelecida.

Facilite as coisas para seu oponente desistir da tática que ele estiver usando. Se ele estiver sendo rude, por exemplo, faça um comentário a respeito, oferecendo-lhe a oportunidade de dar uma explicação ou pedir desculpas: "Parece que você teve um dia difícil hoje". Se ele o ameaçar, responda como respondeu uma executiva. Em vez de desafiar seu oponente, dizendo: "Não me ameace", perguntou num tom de voz calmo e um tanto surpresa: "Você não está pretendendo me ameaçar, está?". Seu pedido de esclarecimento proporcionou a seu oponente uma saída elegante: "Quem, eu? Não, em absoluto, eu não a estou ameaçando". Caso você tenha interpretado mal a atitude do outro, com esse tipo de abordagem você não corre o risco de causar grandes danos.

Não acuse seu oponente, apenas fique atento ao que ele está fazendo. Se ele o interrompe constantemente, olhe-o nos olhos, chame-o pelo nome e diga: "Mike, você me interrompeu". Ou, então, pergunte: "Posso terminar a frase?". Use um tom de voz normal, sem agressividade. Se ele persistir, repita o aviso, dessa vez com um certo tom de censura: "Ei, Mike, você está me interrompendo". Aja como um amigo orientando outro amigo. Repreenda-o, mas com delicadeza.

Negocie a Negociação

Se a menção do entrave não for suficiente, talvez você precise negociar abertamente as regras do jogo.

Chame seu oponente de lado e diga: "Parece-me que nosso modo de negociar não nos levará ao entendimento que ambos desejamos. Precisamos parar de discutir o assunto em questão e conversar sobre as regras do jogo". Se preferir um tom mais informal, diga: "Gostaria de conversar com você sobre algo que está me perturbando".

Faça a negociação do processo exatamente como faria a negociação do essencial. Identifique interesses, crie opções para a melhor maneira de negociar e discuta padrões de comportamento justos. Se, por exemplo, ele se recusa a conversar sobre qualquer outra coisa que não seja sua posição, diga-lhe: "Eu tenho interesse em chegar a um acordo mutuamente satisfatório de maneira eficiente e amistosa. Na minha opinião, para atingir esse objetivo é preciso que estejamos dispostos a ouvir um ao outro, trocar informações sobre nossos interesses e debater ideias. Precisamos fazer crescer o bolo, não apenas dividi-lo. Se eu conhecer melhor seus interesses, poderei ajudá-lo a realizá-los, e você poderá fazer o mesmo por mim. Que tal, vamos tentar?".

Sem questionar a honestidade de seu oponente, questione a justiça de determinadas táticas: "E se eu pedisse mais concessões depois de chegarmos a um acordo? Você acharia que é uma tática justa?".

Solicite a seu oponente que mude determinadas atitudes. Se ele continuar a atacá-lo pessoalmente, fale com calma: "Estou disposto a discutir esse assunto quando você se dispuser a parar de me atacar". Se você é um diretor executivo abordado por um "caçador de empresas" que busca informações sobre sua empresa, diga- lhe: "Ouça bem, se você eliminar a possibilidade de uma incorporação litigiosa, será um prazer ter uma conversa franca com você. Caso contrário, presumo que tudo o que eu disser será usado contra mim".

Tendo chegado a um entendimento no que se refere às regras, vocês podem voltar à negociação do essencial de uma maneira mais construtiva e produtiva.

O Momento de Decisão

O momento decisivo do método de derrubar barreiras é quando você muda o jogo, passando da barganha de posições para a negociação da solução do problema. O segredo para mudar o jogo é a reformulação. Reformular significa pegar o que seu oponente diz e apontá-lo na direção do problema. Lembre-se do segredo do grande jogador de beisebol, Sadahru Oh, que dizia que olhava para o lançador adversário como se fosse seu *parceiro de equipe*, o qual, a cada arremesso, lhe proporcionava uma *oportunidade* de completar um *home run*. Você também deve ver seu oponente como um parceiro, o qual, com suas posições e táticas, lhe oferece oportunidades para falar sobre o problema.

Veja como, no exemplo apresentado no início deste capítulo, o gerente de marketing poderia ter usado o método da reformulação para atrair o diretor financeiro para um novo jogo.

> **DIRETOR FINANCEIRO (sem arredar pé de sua posição):** Eu não aceito um corte inferior a 10 por cento no seu orçamento. Então estamos combinados, certo?
>
> **GERENTE DE MARKETING (fazendo uma pergunta orientada para a solução do problema):** Reconheço a necessidade de se fazer um corte no orçamento da empresa, e meu departamento está preparado para contribuir com sua parte. Só peço que você me ajude a entender por que o corte precisa ser tão alto.
>
> **DIRETOR FINANCEIRO (apresentando um assunto liquidado e fazendo uma ameaça):** A única maneira de economizarmos o necessário é efetuando um corte de 10 por cento em cada um dos departamentos. Eu já avisei aos outros gerentes que você ia concordar. Se não concordar, todos os outros ajustes ficarão desequilibrados, e o presidente ficará sabendo disso.
>
> **GERENTE DE MARKETING (ignorando a ameaça e reinterpretando o assunto liquidado como um problema a ser resolvido):** Eu entendo o que você está dizendo. Se eu reduzisse o corte, seria problemático para você explicar aos outros gerentes, certo?
>
> **DIRETOR FINANCEIRO (fazendo pressão):** Exatamente. Então conto com seus 10 por cento, certo?

Gerente de marketing (ignorando a pressão e reformulando o problema como uma oportunidade conjunta): Sabe de uma coisa? Nós temos uma grande oportunidade de economizar mais de 10 por cento. Seria uma grande ajuda à empresa e deixaria nós dois em uma ótima situação perante a presidência.

Diretor financeiro: Ah, e o que é?

Gerente de marketing (pedindo um conselho): Como você sabe, meu departamento acabou de desenvolver um plano que aumentará a produtividade e trará uma substancial redução nos custos. Porém os custos iniciais foram calculados em 5 por cento do nosso orçamento. Você, que tem mais experiência que ninguém nesse assunto, talvez possa me dizer: como podemos obter fundos para implementar o plano sem desequilibrar seus outros ajustes?

Diretor financeiro: Eu não sei...

Gerente de marketing (fazendo uma pergunta orientada para a solução do problema): Acha que poderíamos explicar aos outros gerentes que o meu está tendo um corte de 5 por cento este ano para proporcionar uma economia maior no ano que vem?

Diretor financeiro: Creio que não adiantaria.

Gerente de marketing (fazendo uma pergunta do tipo "e se"): E se apresentássemos uma cifra específica de quanto pouparemos no próximo ano?

Diretor financeiro: Talvez isso ajude. Mas ainda não resolve o problema deste ano, que é determinar onde poderíamos economizar mais para você ter um corte apenas parcial. Veja bem, eu sei o que você tem em mente, mas como vou explicar ao presidente? Ele não vai aceitar a ideia.

Gerente de marketing (fazendo mais uma pergunta do tipo "e se"): E se eu mesmo falasse com o presidente e tentasse convencê-lo?

Diretor financeiro: Boa sorte!

Gerente de marketing: Eu sei. Não é fácil. Mas posso contar com seu apoio?

Diretor financeiro: Deixe-me ver mais uma vez seu plano. Quero ver se está tudo em ordem e se os seus números não são coisa de sonhador.

Gerente de marketing: Trarei tudo dentro de uma hora. E obrigado por me dar esta chance.

O gerente de marketing ainda não conseguiu o acordo que queria, mas ganhou a negociação das regras do jogo. Usando a técnica da reformulação, ele transformou um confronto posicional em uma negociação para solução do problema. Ele e o diretor financeiro estão agora a caminho da negociação de um acordo mutuamente satisfatório.

ETAPA 4

Não Pressione

Construa uma Ponte Dourada

Construa uma ponte dourada para seu adversário atravessar na retirada.

— Sun Tzu

Agora você está pronto para chegar a um acordo, uma vez que suspendeu suas reações, desarmou as emoções de seus oponentes e reformulou a posição deles. Ainda assim eles podem não estar de acordo. Você enfrenta a barreira da insatisfação deles. Eles podem estar se perguntando "O que eu ganho com isso?". As coisas ainda podem dar errado, como acontece na maioria das vezes.

Um exemplo clássico é o fracasso do que poderia ter sido a maior fusão de mídia do mundo. Toda história tem dois lados, e esta é a versão de Al Neuharth de como ele, segundo suas próprias palavras, "perdeu uma grande jogada". Em 1985, a CBS lutava contra uma incorporação litigiosa pleiteada pelo magnata da mídia, Ted Turner. Fazia tempo que Neuharth, presidente da Gannett, estava de olho na CBS e cultivara uma relação cordial com Tom Wyman, presidente da CBS. Neuharth marcou uma reunião com Wyman, a fim de discutirem a possibilidade de uma fusão que permitiria à CBS resistir à incorporação.

Depois de várias reuniões, ambos chegaram a um acordo sobre a maior parte das questões básicas. Ficou decidido que, devido a sua idade e maior experiência, Neuharth seria presidente do conselho e diretor executivo, enquanto Wyman seria diretor--presidente e diretor de operações. No rascunho do comunicado à imprensa que Neuharth mostrou a Wyman, Neuharth propunha que a nova empresa se chamasse Universal Media.

Executivos das duas empresas começaram a elaborar os detalhes. Eis como Neuharth, em suas memórias, descreve o colapso das conversações:

"Uma dúzia de banqueiros, advogados e executivos estavam reunidos em torno da grande mesa retangular. Tom e eu estávamos sentados lado a lado. Eu estava realmente irritado com o fato de que toda aquela gente, reunida há quase três dias, não conseguia ou não queria fazer o que Wyman e eu havíamos combinado... Eu não perdi tempo com amenidades:

> — Tom e eu achamos que talvez seja melhor os dois diretores executivos explicarem a vocês como isso deve ser feito. É muito simples... Tom e eu chegamos a um acordo sobre a estrutura administrativa da empresa. Serão sete diretores da CBS, sete da Gannett e um escolhido em conjunto. Eu serei o presidente do conselho e diretor executivo. Tom será o diretor-presidente e o diretor de operações.

O pessoal da CBS mostrou-se surpreso e perplexo. Nosso pessoal concordou prontamente com acenos de cabeça e sorrisos.

> — Vocês não precisam discutir nem falar nem mesmo pensar sobre isso. Já está tudo acertado.
>
> Wyman pareceu constrangido e aprumou-se na cadeira.
>
> — E verdade, nós já combinamos tudo — falou com hesitação...
>
> Senti imediatamente que eu tinha estragado tudo, abor-

dando o assunto de maneira demasiadamente direta e objetiva.

O pessoal de Wyman estava recebendo a notícia em primeira mão por mim, não por ele... Eu deveria ter deixado Wyman explicar os termos, e ele poderia tê-lo feito de maneira mais sutil. Eu satisfiz meu ego à custa de pisar no dele."

Dois dias depois Wyman telefonou para desfazer o negócio. Ele não concordava em mudar o nome da CBS e estava aborrecido porque ficara sabendo que Neuharth também estivera negociando uma fusão com a Time Inc.

Depois de desligar o telefone, Neuharth virou-se para seus executivos e disse:

— O jogo acabou. Nós perdemos. E ele também sairá perdendo.

Obstáculos ao Acordo

Depois de analisar os interesses de ambos os lados e as opções para se chegar a um acordo, você está preparado para negociar. Mas quando você faz sua proposta, seu oponente se esquiva. A resistência dele pode assumir diversas formas: falta de interesse em suas propostas, afirmações vagas, atrasos, desistência no que já estava combinado ou um simples não. No caso da fusão acima citada, a resistência da CBS manifestou-se no entrave das negociações entre as duas equipes.

Nós geralmente atribuímos a resistência de nosso oponente a sua personalidade ou natureza básica, mas por trás do impasse frequentemente existem algumas razões muito boas. Analisemos as quatro mais comuns:

1. *A Ideia Não é Dele.* Seu oponente pode rejeitar sua proposta simplesmente porque não foi feita em conjunto. Neuharth errou ao não envolver Wyman na escolha do novo nome e ao apresentar os termos da fusão aos executivos reunidos.

2. *Interesses Insatisfeitos.* Você pode estar deixando passar despercebido um dos interesses básicos de seu oponente. Para a CBS era inadmissível abrir mão de seu nome.

3. *Medo de Ser Desprestigiado.* Ninguém quer fazer feio perante sua chefia. Neuharth atribuiu o fracasso da fusão CBS-Gannett em grande parte ao fato de ter desprestigiado Wyman perante os seus.

4. *Grande Demais e Rápido Demais.* Seu oponente pode resistir porque a perspectiva de fechar um acordo parece assoberbante. A decisão parece grande demais, e o tempo, muito curto. É mais fácil dizer não.

Entre a posição dele e o acordo proposto, seu oponente vê um abismo repleto de insatisfação, incerteza e medo. Como você pode persuadi-lo a atravessar esse abismo?

Construa uma Ponte Dourada

Frustrado ante a resistência de seu oponente, você se sente tentado a pressionar, a persuadir, a insistir e a forçar. Neuharth pressionou com força demais quando as negociações ficaram travadas.

O caso é que a pressão geralmente só atrapalha as coisas, tornando difícil para seu oponente concordar com sua proposta. Ela subestima o fato de a proposta ter sido sua, não dele. Ela não atende aos interesses básicos dele. Sob pressão, fica difícil para seu oponente concordar com você sem parecer que está cedendo, e a perspectiva de acordo parece, na melhor das hipóteses, assoberbante.

Consequentemente, seu oponente tende a resistir cada vez mais. De fato, ele pode até ficar satisfeito com sua pressão, pois ela lhe tira o peso de ter de tomar uma decisão difícil.

Pressionando, Neuharth só aumentou o abismo que Wyman precisava atravessar a fim de chegar a um entendimento.

Em vez de empurrar seu oponente para um acordo, faça o contrário: puxe-o na direção que você quer que ele vá. Sua tarefa *é construir uma ponte dourada* sobre o abismo. Você precisa reformular o recuo dele, ou seja, transformar o recuo de posição em um avanço rumo a uma solução mais satisfatória.

Veja este exemplo simples de como Steven Spielberg, em sua adolescência, construiu uma ponte dourada para um valentão que o atormentava:

"Quando eu tinha cerca de treze anos, um valentão da vizinhança passou o ano inteiro judiando de mim. Ele me derrubava no chão, segurava minha cabeça no bebedouro ou enfiava minha cara na terra e me deixava de nariz sangrando quando jogávamos futebol americano na aula de Educação Física... Esse era um sujeito que eu temia. Ele era meu tormento... Então, pensei comigo mesmo: se você não pode vencê-lo, alie-se a ele. Falei com ele: 'Estou tentando fazer um filme sobre o combate aos nazistas e quero que você faça o papel de um herói de guerra'. A princípio ele riu na minha cara, mas depois aceitou. Ele era aquele grandalhão de catorze anos que se parecia com John Wayne. Eu lhe dei o papel de um líder de grupo, com capacete, farda e mochila. Depois disso, ele passou a ser meu melhor amigo."

O jovem Spielberg descobriu o segredo de construir uma ponte dourada para seu adversário. Ele reconheceu que o valentão precisava se sentir importante. Oferecendo-lhe um caminho alternativo para o reconhecimento, Spielberg conseguiu negociar um cessar-fogo e transformou-o em um amigo.

Não é fácil construir uma ponte dourada. Em uma negociação complicada, o ideal seria convocar um mediador para ajudar a resolver suas divergências. Mas isso nem sempre é apropriado ou possível. Assim sendo, na ausência de uma terceira parte, você mesmo precisa mediar seu acordo.

Em vez de começar de onde você está, o que seria natural, comece do ponto em que seu oponente está, a fim de conduzi-lo a um eventual entendimento. Uma das melhores descrições desse processo está em um romance francês. No livro, um diplomata veterano explica: "Eu me viro para o outro homem; eu me familiarizo com a situação dele; eu me moldo ao destino dele; e, assumindo o lugar dele, começo a viver suas venturas e desventuras. Daí em diante minha preocupação não é tanto a de impor meu ponto de vista a ele quanto a de persuadi-lo a adotar o que acho melhor para ele; o que sempre coincide com os interesses de minha própria causa".

Construir uma ponte dourada significa ajudar seu oponente a transpor os quatro obstáculos comuns ao acordo. Significa envolvê-lo ativamente na busca de uma solução de maneira que ela se torne uma ideia dele, não apenas sua. Significa satisfazer os interesses dele. Significa ajudá-lo a preservar seu prestígio. E significa facilitar o máximo possível o processo de negociação.

Envolva Seu Oponente

Um dos erros mais comuns em negociação é anunciar que você encontrou a solução do problema. Planejadores urbanos apresentam seu projeto para um novo depósito de lixo sem terem consultado os moradores da vizinhança; em resposta, um grupo de cidadãos se organiza imediatamente para combater o projeto. A direção da empresa anuncia um plano de trabalho mais rápido e moderno sem ter consultado seus funcionários; os trabalhadores sabotam o plano. O diretor do orçamento nacional e o chefe da casa civil da presidência se reúnem a portas fechadas com seis líderes do Congresso e ressurgem com um plano de cortes no orçamento aprovado pela liderança; membros do Congresso que não foram consultados denunciam o acordo e rejeitam o plano na votação. Da mesma maneira, é provável que seu oponente também rejeite sua proposta se ele não participou de sua elaboração.

Negociação não é um simples exercício técnico de solução de problemas, mas um processo político no qual as diferentes partes devem elaborar um acordo *em conjunto*. O processo é tão importante quanto o produto. Talvez você se aborreça com a demora das negociações, mas lembre-se de que negociação é um ritual, um ritual de participação. As pessoas veem as coisas de maneira diferente quando se envolvem. Seu oponente pode fazer concessões que não faria se não se sentisse envolvido. Ele pode vir a simpatizar com ideias que antes rejeitava. À medida que ele insere *suas próprias* ideias na proposta, passa a considerá-la de sua autoria.

Peça Ideias a Seu Oponente e Desenvolva-as

Em uma negociação, a grande tentação é falar, explicar. Explicar a seu oponente a maneira de resolver o problema. Dizer-lhe por que sua solução é conveniente para ele. Neuharth tratou uma questão delicada, como era o caso do novo nome da empresa, entregando a Wyman um rascunho do comunicado à imprensa onde aparecia o nome Universal Media. Não é de admirar que a ideia não tivesse sido aceita.

A negociação consiste mais em perguntar que em explicar. A maneira mais simples de envolver seu oponente é pedindo-lhe ideias. Como ele resolveria o problema de conciliar os interesses de ambos os lados? Como Neuharth reconheceu posteriormente, ele deveria ter pedido ideias a Wyman antes de lhe comunicar o novo nome da empresa, pois, além de envolvê-lo na questão, também descobriria o quanto era importante para a CBS conservar seu nome.

Tendo extraído ideias de seu oponente, é preciso desenvolvê-las. Isso não significa que você deve aceitá-las como elas são. Selecione as ideias que você acha mais construtivas e, a partir delas, siga na direção desejada. É mais fácil fazer seu chefe mudar de posição se você lhe disser: "Partindo de sua ideia, que tal se nós...?". Ou: "Eu tirei essa ideia de algo que você comentou na reunião outro dia...". Ou: "Dando continuidade a nossa discussão desta manhã, ocorreu-me que...". Mostre a seu oponente que sua proposta surgiu a partir de uma ideia *dele*.

O fato de desenvolver as ideias do outro não implica alterar as suas, mas construir uma ponte entre as ideias dele e as suas.

Tenha em mente o que o papa disse a respeito de um abade no século XVII: "Quando a conversa começava, ele concordava sempre com a minha opinião, e quando terminava, eu concordava sempre com a opinião dele".

Peça Críticas Construtivas

À medida que você desenvolve suas ideias, mantenha seu oponente envolvido no assunto, pedindo-lhe que faça críticas. Explique que você não está pedindo uma decisão do tipo sim ou não, mas um *feedback*. Procure comentários construtivos fazendo perguntas dirigidas à solução do problema, tais como: "Quais os interesses que essa solução não satisfaz?", "Em que aspecto ela não é justa?", "O que você faria para melhorá-la?" e "Haveria alguma maneira de torná-la mais conveniente para você sem torná-la mais inconveniente para mim?".

Tendo conseguido sugestões da parte dele, procure criar uma proposta conjunta, incorporando as ideias de ambos; depois, mostre-a para ele e peça comentários. Em se tratando de uma negociação entre várias partes, mostre-a a todos os participantes e peça sugestões. A seguir, faça uma revisão da proposta e, se necessário, peça mais sugestões. Aos poucos, você formará um consenso. O processo é semelhante à criação de um mural em conjunto: seu oponente dá algumas pinceladas, depois você, depois o chefe dele, depois o seu. Cada pessoa que se envolve começa a achar que a proposta é sua própria.

Ofereça uma Opção a Seu Oponente

Se o seu oponente resiste em lhe expor suas ideias ou comentar as suas, tente envolvê-lo oferecendo-lhe uma opção. Por exemplo, se ele vem protelando uma conversa com você, comece por lhe pedir pequenas decisões: "Às dez na terça é melhor para você do que às três na quarta?" e "Você prefere que a reunião seja em seu escritório ou no meu?".

Se ele se recusa a estudar opções para sair do impasse, ofereça-lhe uma lista de alternativas para que possa escolher. Se vocês não conseguem chegar a um entendimento quanto ao preço, por exemplo, diga-lhe: "Podemos resolver a diferença entre o preço que você está pedindo e minha oferta pedindo o parecer de um avaliador", "Posso pagar a diferença com outros bens que não dinheiro" ou "Posso pagar a prazo. O que você prefere?". Pode ser mais fácil para ele escolher entre A, B e C do que inventar uma opção D.

Uma vez escolhida uma alternativa, a ideia passa a ser dele. Veja o exemplo do proprietário de uma casa que estava negociando com um empreiteiro. Temendo que a reforma de sua casa pudesse demorar mais do que ele esperava, o proprietário propôs uma multa de 20 por cento caso o serviço não ficasse pronto no prazo. Mas o empreiteiro não concordou. Então o proprietário o desafiou: "Está bem, então você marca uma data na qual tem certeza absoluta de que o serviço estará pronto".

Colocado em uma situação difícil, o empreiteiro escolheu uma data três meses depois do prazo programado. Então o proprietário perguntou: "Muito bem, agora você concorda com a cláusula?".

Como o proprietário só estava pedindo ao empreiteiro que se comprometesse a entregar o serviço em um prazo muito além de sua pior estimativa, o empreiteiro concordou.

O processo de trabalhar em conjunto com seu oponente pode ser longo e árduo, mas a recompensa pode ser muito boa. Lembre-se do provérbio chinês: "Diga-me, eu posso escutar. Ensine-me, eu posso lembrar. Envolva-me, eu o farei".

Satisfaça Interesses Insatisfeitos

Mesmo que seu oponente esteja totalmente envolvido no processo de elaborar um acordo, ele ainda pode resistir. Muitas vezes, sua resistência provém de um interesse insatisfeito que você deixou passar despercebido.

Veja o caso do negociador de aquisições da Campbell Soup que estava tentando comprar um restaurante de grande sucesso. A Campbell estava interessada em abrir uma rede de restaurantes daquele tipo. O negociador começou fazendo uma proposta que ele considerava justa, mas o proprietário, que também era o gerente do restaurante, a rejeitou. Nas seis semanas seguintes, o negociador aumentou várias vezes a proposta, mas de nada adiantou. O proprietário nem mesmo fazia uma contraproposta. As conversações estavam empacadas, e o negociador estava a ponto de desistir, dizendo que era tudo por culpa da personalidade difícil do proprietário.

Foi quando ele decidiu sondar mais um pouco. Na reunião seguinte com o proprietário, ele abandonou sua estratégia de tentar fazer o negócio a qualquer custo e incentivou o proprietário a discutir suas restrições quanto à venda do restaurante: "Este restaurante é como um filho para mim", disse o proprietário. "E ele me tornou famoso. Não tenho certeza se quero vendê-lo e torná-lo parte de sua empresa. Primeiro, porque gosto de ser dono do meu nariz. Vocês terão de me pagar muito para valer a pena desistir de tudo isso."

O negociador compreendeu que o proprietário tinha grande necessidade de autonomia e reconhecimento, interesses estes que evidentemente não seriam satisfeitos em um negócio em que o proprietário passava a ser funcionário da empresa.

Então o negociador perguntou ao proprietário: "E se você não for nosso funcionário? Seria um tanto incomum, mas e se formássemos uma empresa em sociedade? A Campbell compraria, digamos, 80 por cento das ações e você ficaria com vinte. Você seria o presidente da empresa e dirigiria o restaurante. E nós nos comprometeríamos a comprar os seus 20 por cento futuramente. Quanto mais tempo você ficasse na sociedade, mais nós pagaríamos por suas ações. Uma transação desse tipo lhe interessaria?".

A resposta do proprietário foi positiva, e o negócio foi fechado em pouco tempo. Sua necessidade de reconhecimento e autonomia foi atendida, assim como seu interesse em um preço justo. A Campbell conseguiu comprar o restaurante por um preço razoável e manter o proprietário na direção da casa por um tempo suficiente para se beneficiar de sua bem-sucedida administração.

Essa história ilustra como é vantajoso procurar uma solução criativa. Mais importante, ela mostra como é fácil perder tal solução não dando atenção aos interesses de seu oponente. Para ter acesso a esses interesses, como aconteceu com o negociador da Campbell, você deve se livrar de três pressuposições muito comuns: que seu oponente é irracional e não pode ser satisfeito, que basicamente ele só quer dinheiro, e que você não pode satisfazer os interesses dele sem prejudicar os seus.

Não Considere Seu Oponente Irracional

Ao ficar irritado com um oponente inflexível, é fácil atribuir a culpa pelo impasse à natureza irracional dele: "Meu chefe é maluco. Ninguém consegue negociar com ele" ou "Adolescentes são um caso perdido. Não adianta argumentar com eles". Se você chegar à conclusão de que seu oponente é uma pessoa intratável, não irá se dar ao trabalho de sondar os interesses dele.

É mais fácil chegar a essa conclusão no caso de sequestradores: "É impossível negociar com terroristas; eles são loucos". Sem dúvida, o comportamento deles pode ser irracional do nosso ponto de vista, mas pode ser perfeitamente sensato do ponto de vista *deles*. Havendo uma conexão lógica *para eles* entre seus interesses e seus atos, nós podemos influenciá-los. Um eminente negociador em casos de sequestro, que representa empresas multinacionais quando seus executivos são as vítimas, afirma: "Todos são racionais. Todos negociam. Até a escória dá valor ao dinheiro". Se até sequestradores são suscetíveis a influências, então seu chefe e seu filho adolescente provavelmente também são.

Portanto, não desista facilmente. Ponha-se no lugar de seu oponente e pergunte-se sinceramente: "Eu concordaria com isso se eu fosse ele? Por que não?". E lembre-se de que os valores dele podem ser diferentes dos seus, o que pode levá-lo a rejeitar o que você considera aceitável. Se você olhar atentamente, como fez o negociador da Campbell, poderá descobrir interesses que tornam compreensível do ponto de vista de seu oponente dizer não a sua proposta.

Procure compreender as objeções e satisfazer os interesses de seu oponente sem deixar de lado os seus próprios.

Terroristas, por exemplo, são geralmente motivados pelo profundo desejo de obter reconhecimento público para sua causa. Na maioria das vezes, o segredo para persuadi-los a libertar os reféns é deixar que eles saibam que sua mensagem foi ouvida, e que a morte dos reféns apenas os depreciaria aos olhos do público. Muitos sequestros aparentemente insolúveis terminaram depois que os terroristas receberam permissão para transmitir uma mensagem pelo rádio e pela televisão.

Fique Atento às Necessidades Humanas Básicas

Nós costumamos presumir, como ocorreu com o negociador da Campbell no início, que nosso oponente só está interessado em dinheiro ou algo igualmente tangível. Nós nos esquecemos das motivações *intangíveis* que atuam sobre seu comportamento — suas necessidades humanas básicas. Todo o mundo tem necessidade de segurança e um profundo desejo de ser respeitado. Todo o mundo quer se identificar com algum grupo e ter controle sobre seu próprio destino. Nações e grupos étnicos também têm necessidades. Quando não satisfeitas, essas necessidades podem ser um entrave para o entendimento.

Satisfazendo as necessidades humanas básicas de seu oponente, você pode fazê-lo mudar de opinião. O negociador da Campbell conseguiu satisfazer as necessidades de reconhecimento e autonomia do proprietário do restaurante. O jovem Spielberg encontrou uma maneira de satisfazer a necessidade que o valentão tinha de sentir-se importante. Um sequestro em Boston chegou ao final quando as autoridades garantiram que o sequestrador não seria maltratado fisicamente. Um impasse na negociação de compra de um banco de Wisconsin foi resolvido quando o comprador concordou em conservar o nome do vendedor no nome do banco. Um conflito étnico na região Trentino-Alto Adige, na Itália, foi encerrado quando se concedeu autonomia cultural e administrativa à minoria de língua alemã.

O Bolo Pode Crescer

Mesmo que você tenha identificado os interesses de seu oponente, você pode achar que não consegue satisfazê-los sem prejudicar os seus. Talvez você esteja presumindo que o tamanho do bolo a ser dividido seja sempre o mesmo: quanto maior a parte de seu oponente, menos sobra para você. Todavia, você pode fazer o bolo crescer e satisfazer os interesses de seu oponente sem nenhum prejuízo e possivelmente com algum benefício para você.

Procure Transações de Baixo Custo e Alto Benefício. A maneira mais comum de fazer o bolo crescer é por meio de transações de baixo custo e alto benefício. Procure determinados itens que você pode conceder a seu oponente e que sejam de alto benefício para ele e de baixo custo para você. Em troca, procure itens que sejam de alto benefício para você e baixo custo para ele.

Veja o exemplo de uma negociação entre um executivo norte-americano e um motorista de táxi moscovita. Em um russo mal falado, o executivo perguntou quanto custaria uma corrida do aeroporto até o hotel. "Quarenta rublos", respondeu o motorista.

O executivo achou o preço muito alto, equivalente, na época, a 70 dólares; mas ao abordar outro motorista foi-lhe pedida a mesma quantia. Ele então voltou ao aeroporto e comprou uma garrafa de vodca em uma loja que trabalhava com moeda estrangeira. Ofereceu-a ao primeiro motorista como pagamento da corrida, e este aceitou prontamente. Por quê? Porque o russo teria de ficar em uma fila de quatro horas para comprar a mesma garrafa em uma casa comercial local. A vodca era de baixo custo para o americano e de alto benefício para o russo. A corrida de táxi era de baixo custo para o russo e de alto benefício para o americano.

Use a Fórmula "Se-Então". Outra maneira de fazer o bolo crescer é usando a fórmula "se-então". Suponha que você é um consultor de marketing que está negociando o preço de um serviço com um cliente. Você cobra normalmente 15 mil dólares pelo serviço de consultoria, mas seu cliente recusa-se a fazer negócio por mais de 10 mil dólares. A resistência dele deve-se em grande parte à incerteza de saber se seus esforços irão realmente ajudá-lo ou não. Em vez de tentar persuadi-lo de que ele está errado, neutralize o ceticismo dele com a fórmula "se-então": "Que me diz se fizermos o seguinte: vamos fixar meus honorários em 10 mil dólares como um valor básico, mas, se suas vendas subirem 20 por cento nos próximos seis meses, *então* você me paga um adicional de 10 mil dólares?". Seu cliente concorda prontamente, pois o aumento nas vendas justificará o pagamento do adicional. Você assume um risco, mas se for bem-sucedido ganhará mais do que pediu na proposta original. Em suma, não lute contra o ceticismo de seu oponente; tire vantagem dele criando uma solução que faça o bolo crescer.

Ajude Seu Oponente a Salvar as Aparências

Mesmo que você possa satisfazer os interesses básicos de seu oponente, ele pode continuar resistindo. Afinal de contas, uma negociação não transcorre em um vácuo social. Existe sempre um grupo de pessoas com cuja opinião seu oponente se preocupa: o chefe, a organização, os colegas, a família, os amigos ou o crítico que ele traz dentro de si. Naturalmente, seu oponente não quer que eles pensem que ele cedeu. Se ele assumiu uma posição pública e depois voltou atrás, sua chefia pode dizer: "Você é um vendido! Que tipo de negociador é você?" ou "Você deixou que ele nos roubasse!". A inflexibilidade de seu oponente pode provir mais das restrições impostas por sua chefia que dos seus próprios interesses.

Você pode pensar: "Ele que se preocupe com os críticos dele, que eu me preocupo com os meus". Mas se as pessoas ligadas a ele podem obstruir o acordo que você deseja, é sua função ajudá-lo a lidar com elas. A crítica delas geralmente se resume a dois argumentos: que ele recuou da posição original, e que a nova proposta não é satisfatória. Sua missão consiste em ajudá-lo a se esquivar dessas duas críticas.

Ajude Seu Oponente a Retroceder Sem Faltar à Palavra

Salvar as aparências é fundamental no processo de negociação. Existe um conceito errôneo de que uma atitude para salvar as aparências (ou preservar o prestígio da pessoa) não passa de um esforço cosmético feito no final da negociação para alimentar o ego do oponente. No entanto, prestígio é muito mais que ego. É o símbolo do valor moral da pessoa, de sua dignidade, sua honra, seu desejo de agir de acordo com seus princípios e com o que ela prega, e, é claro, seu desejo de ser admirado pelos outros. Tudo isso pode ser ameaçado se o seu oponente tiver que mudar de posição. Seu sucesso em persuadi-lo depende de você conseguir ajudá-lo a salvar as aparências.

Veja como o estadista francês Georges Clemenceau utilizou a técnica de salvar as aparências ao negociar uma estatueta em um bazar oriental. O dono da loja ofereceu-lhe a estatueta por "apenas" 75 rupias "porque é para o senhor". O francês respondeu com uma contraproposta de 45 rupias. A discussão continuou, mas Clemenceau não arredava pé de sua oferta inicial, até que o dono da loja levantou os braços e protestou:

— Impossível! Prefiro dá-la de presente ao senhor!

— Eu aceito! — respondeu Clemenceau, guardando a estatueta no bolso. — O senhor é muito gentil e eu lhe agradeço, mas um presente como este só poderia vir de um amigo. Espero que o senhor não se ofenda se eu lhe der um presente em troca.

Perplexo, o vendedor disse que não se ofenderia.

— Aqui estão 45 rupias — disse Clemenceau, tratando de ajudá-lo a salvar as aparências —, para o senhor usar em obras de caridade.

O dono da loja aceitou o dinheiro, e eles se despediram como bons amigos.

Mostre como as Circunstâncias Mudaram. Um dos métodos consiste em explicar que, a princípio, seu oponente podia estar certo, mas que as circunstâncias mudaram. Suponha que seu cliente mais importante insista em que sejam feitas revisões no contrato padrão de vendas da empresa, mas o departamento jurídico lhe comunicou que não serão feitas alterações. Em vez de contestar a decisão do departamento de maneira direta, procure novas condições que permitam ao advogado explicar por que ele mudou de ideia: "Sua política de não fazer alterações sempre foi correta para um mercado regular. Mas, agora que o governo desregulou o setor, estamos enfrentando uma concorrência bem mais difícil. Será que vale a pena correr o risco de perder um de nossos maiores clientes?".

Solicite a Intervenção de Terceiros. Um método tradicional de salvar as aparências consiste na solicitação do parecer de um terceiro: um mediador, um especialista independente, um chefe ou amigo comum. Uma proposta que é inaceitável vinda de você pode ser aceitável se vier de um terceiro.

Veja o caso do pescador inveterado que queria comprar uma cabana na floresta North Woods. O proprietário insistia no valor absurdamente elevado de 45 mil dólares e avisou que não aceitaria contraproposta. O pescador fez de tudo para que o proprietário mudasse de ideia, mas de nada adiantou. Finalmente, o pescador declarou:

— Está bem, pagarei o que um avaliador determinar como um preço justo pela casa.

— Muito bem — respondeu o proprietário —, mas eu escolho o avaliador.

— Você escolhe um avaliador, eu escolho outro, e os dois juntos escolherão um terceiro — retrucou o pescador.

O proprietário concordou. Os avaliadores por eles escolhidos indicaram o presidente da associação local de avaliadores de imóveis. Sob o olhar atento de seus colegas, ele chegou ao valor de 38 mil dólares. Mesmo resmungando que o avaliador não sabia o que estava fazendo, o teimoso proprietário concordou em vender a cabana por esse preço. Tendo mantido sua promessa de não aceitar uma contraproposta, ele salvou as aparências e preservou sua imagem.

Indique um Padrão de Justiça. Na ausência de um terceiro, você pode recorrer a um substituto quase tão bom: um padrão de justiça. Suponha que você não consiga chegar a um acordo com um corretor de seguros sobre a indenização pelo roubo de seu carro. Ele se recusa a pagar mais de 5 mil dólares, mas você acha que o justo seria 7 mil. Então você diz: “Por que não deixamos o mercado decidir o valor? Você procura nos classificados e verifica os preços de carros semelhantes ao meu, e eu faço o mesmo. Amanhã voltaremos a conversar”.

Com a nova informação em mãos, vocês concordam com a quantia de 6,5 mil dólares. Ele não vai achar que cedeu, pois apenas pagou o preço de mercado, e também terá uma explicação lógica a dar a seu supervisor quando este lhe perguntar por que concordou em pagar 1.500 dólares a mais.

Ajude a Escrever o Discurso de Vitória de Seu Oponente

Os chefes de seu oponente podem atacar o acordo proposto considerando-o insatisfatório. Então pense em uma maneira dele apresentá-lo no aspecto mais positivo possível, talvez até como uma vitória. O que você pode lhe oferecer para ajudá-lo?

O presidente John F. Kennedy e seus conselheiros fizeram-se essa pergunta em outubro de 1962, procurando uma maneira de facilitar ao primeiro-ministro soviético Nikita Kruschev a retirada dos mísseis soviéticos de Cuba. Kennedy decidiu oferecer a Kruschev sua palavra de honra de que os Estados Unidos não invadiriam Cuba. Como Kennedy não tinha a menor intenção de invadir a ilha, foi uma promessa fácil de fazer. Mas foi ela que permitiu a Kruschev anunciar a seus eleitores no mundo comunista que ele conseguira salvaguardar a revolução cubana de um eventual ataque norte-americano. Ele pôde justificar sua decisão de retirar os mísseis, alegando que eles haviam cumprido seu objetivo.

Imagine o que os críticos de seu oponente podem dizer e arme-o com contra-argumentos persuasivos. Se, por exemplo, você é um corretor de investimentos negociando um aumento e uma bonificação com seu chefe, pense o que os colegas de seu chefe poderiam dizer se ele concordasse com sua proposta: "Você está sendo muito perdulário com o dinheiro da empresa". Ou: "Você nos fará parecer vilões quando nossos funcionários souberem quanto os seus estão ganhando". Então pense nas respostas que seu chefe pode dar: "Ele merece. No ano passado ele fez 5 milhões de dólares em negócios para a empresa". Ou: "Se nós não o recompensarmos por seu bom trabalho, nós o perderemos para a concorrência". Quando for pedir um aumento ao chefe, prepare-o, levantando as possíveis críticas e apresentando-lhe os contra-argumentos.

Sem lhe custar nada ou quase nada, você pode ajudar seu oponente a reformular um recuo fazendo-o parecer um avanço.

Suponha, por exemplo, que você está negociando com um líder sindical que prometeu conseguir um aumento salarial de 10 por cento. Você pode concordar em conceder um aumento de quatro por cento este ano e mais dois aumentos de três por cento nos dois próximos anos, e ele poderá dizer ao sindicato que conseguiu obter o aumento de 10 por cento — em três anos. Ou suponha que você está comprando uma casa de alguém que está determinado a vendê-la por 200 mil dólares por ter sido esse o valor que pagou por ela, embora ela agora só valha 180 mil. Você pode concordar em pagar os 200 mil, mas em um prazo em que a transação seja equivalente a 180 mil à vista.

Não se esqueça de como é importante reconhecer o mérito da pessoa. Mesmo que a solução tenha sido ideia sua, deixe que seu oponente leve parte do mérito, que se aposse dele todo em seu discurso de vitória. Em Washington, D.C., uma cidade cheia de políticos ávidos por se apossarem das boas ideias, costuma-se dizer: "Não existe limite para o que você pode realizar nesta cidade, contanto que deixe outro ter o mérito". O mesmo acontece nas negociações. Veja o caso da noiva que queria colocar um aparelho completo de jantar na lista de presentes de casamento. O noivo não concordou, dizendo: "Nós não precisamos de tanta louça". O aparelho de jantar tornou-se um motivo de discussão. Em um gesto de boa vontade, ele a acompanhou até a loja, onde viu um aparelho que a agradou. Ela concordou com a escolha dele e deu-lhe todo o mérito. Com orgulho, ele anunciou à família e aos amigos que ele tinha escolhido o aparelho de jantar.

Mesmo que você não tenha nada para dar a seu oponente, pode dar um jeito de fazer parecer que ele não perdeu. Quando o primeiro-ministro britânico Benjamin Disraeli estava sendo atormentado por um correligionário que queria a todo custo um título de nobreza, Disraeli lhe disse: "Você sabe que eu não posso lhe dar um título de nobreza, mas pode dizer a seus amigos que eu lhe ofereci um e você recusou. Fica muito melhor".

Vá Devagar para Chegar Rápido

Mesmo que você satisfaça os interesses de seu oponente e o ajude a salvar as aparências, ele pode continuar resistindo, se o processo para se chegar a um acordo parecer complicado demais. "É muita coisa a ser decidida em pouquíssimo tempo."

Você precisa facilitar o processo. Vá devagar para chegar rápido. Imagine-se um guia ajudando um cliente que tem medo de altura a escalar uma montanha. Divida a jornada em pequenas etapas, regule a marcha de seu oponente, pare para descansar quando necessário e olhe periodicamente para trás a fim de ver quanto vocês já subiram.

Guie Seu Oponente Passo a Passo

Se a princípio parece impossível chegar a um acordo absoluto, tente dividi-lo em etapas. Uma abordagem passo a passo tem a vantagem de fazer o impossível gradativamente parecer possível. Cada acordo parcial pode revelar oportunidades que a princípio não estavam à vista.

Veja até que ponto a abordagem passo a passo levou o diplomata norte-americano Charles Thayer, ao negociar com um diretor de presídio alemão no início da Segunda Guerra Mundial. A missão de Thayer era entregar alguns pertences e suprimentos a um vice-cônsul mantido prisioneiro dos alemães.

Ele (o diretor do presídio) mandou buscar o vice-cônsul na cela, e, um por um, fui lhes entregando os pertences: pijama, camisas, meias e um estojo de toalete... Então tirei uma garrafa de *sherry*, explicando que a bebida deveria ser servida ao vice--cônsul antes do almoço. O diretor não disse nada, mas pegou a garrafa com submissão. Em seguida, tirei uma garrafa de champanhe, explicando que deveria ser servido devidamente gelado no jantar do vice-cônsul. O diretor remexeu-se na cadeira, inquieto, mas permaneceu em silêncio. Depois, peguei uma garrafa de gim, uma de vermute e uma coqueteleira. Aquilo, expliquei, era para preparar o martíni noturno do vice-cônsul.

> — Veja, pega-se uma parte de vermute — comecei, voltando-me para o diretor — e quatro partes de gim. Coloca-se bastante gelo... — Mas eu chegara ao fim dos meus cautelosos passos.
>
> — *Verdammt!* — explodiu o diretor. — Estou disposto a servir *sherry*, champanhe e até gim a esse prisioneiro, mas ele que prepare seus próprios martínis.

Se Thayer tivesse apresentado todas as suas solicitações de uma só vez, o diretor do presídio certamente negaria tudo. No entanto, empregando a técnica passo a passo, o diplomata conseguiu cumprir plenamente sua missão.

Para quebrar o gelo no início de uma negociação tensa, comece, como fez Thayer, pelo tópico mais fácil de chegar a um entendimento. Passando progressivamente para os mais difíceis, você pode acostumar seu oponente a dizer sim e mostrar--lhe que é possível chegar a um entendimento.

Se o seu oponente é demasiadamente incrédulo, comece fazendo uma experiência. Suponha que você formulou uma proposta sólida de um novo projeto, mas seu chefe está relutante em lhe dar o sinal verde. Para ele, parece mais simples manter o que já está testado e comprovado. Para persuadi-lo, faça um acordo em caráter experimental: "Que tal desenvolvermos um projeto piloto em um departamento?" ou "Podemos testá-lo por um mês?". Reduzindo o risco, um acordo em caráter experimental torna mais fácil que ele concorde.

Quando você está no meio da negociação, é fácil perder a perspectiva e ficar desanimado. Identificando as áreas de entendimento em processo de expansão e as áreas de desentendimento em processo de redução, você se sente mais motivado. Faça uma pausa em cada etapa a fim de avaliar seu progresso: "Então já está tudo combinado no que se refere à mercadoria e ao preço. Agora só falta decidir como dividiremos as despesas de serviço e transporte".

Não Peça um Compromisso Definitivo Antes de Chegar ao Final

Às vezes a técnica passo a passo não funciona porque seu oponente se recusa a concordar com o que quer que seja. "Se eu der um dedo, ele pegará o braço." Se for esse o caso, não o pressione a fazer uma concessão imediata. Deixe-o à vontade, explicando-lhe que ele não precisa tomar uma decisão definitiva até o final da negociação, quando ele poderá ver exatamente o que terá em troca.

Foi isso o que o presidente Jimmy Carter fez durante as negociações de Camp David, em 1978. Tanto o primeiro-ministro israelense Menachem Begin quanto o presidente egípcio Anuar Sadat recusavam-se a alterar suas posições, temendo que qualquer concessão pudesse ser considerada um sinal de fraqueza. Assim sendo, Carter não lhes pediu que mudassem de posição até que os trinta dias de conversações sobre a paz acabassem. Durante esse período, ele manteve a atenção deles voltada à crítica e ao aperfeiçoamento de uma minuta de discussão norte-americana. Depois de elaborar vinte e três minutas, parecia não haver mais nenhuma maneira de melhorar as coisas para um lado sem piorar para o outro. Só então Carter pediu a Sadat e Begin uma definição. Em vez de ter de tomar muitas decisões difíceis ao longo do caminho, os dois líderes só precisaram tomar uma única no final. Em vez de enfrentar um terreno escorregadio, cada um podia ver exatamente o que receberia em troca de suas concessões. Begin viu que, abrindo mão do Sinai, ficaria em paz com o Egito. Sadat viu que, em troca da paz com Israel, recuperaria o Sinai. Ambos concordaram.

Se o seu oponente resiste a uma abordagem passo a passo, deixe claro que *nada* está combinado até que *tudo* seja combinado.

Não Tenha Pressa de Chegar ao Final

A fase de encerramento de uma negociação é geralmente caracterizada pela afobação. A reunião está chegando ao fim. Aproxima-se o prazo final para uma greve ter início. Uma das partes precisa pegar o avião. Ou você simplesmente sente que o acordo está próximo e começa a correr para chegar até ele como um atleta na reta final de uma corrida.

Qualquer que seja a razão da afobação, é fácil cometer erros em um clima desses. Se você apressar seu oponente, ele poderá reagir explodindo por alguma coisa banal ou descobrindo repentinamente alguma falha em uma parte do acordo. Para não perdê-lo, reduza a velocidade, afaste-se e dê-lhe uma chance para pensar.

Incentive-o a consultar seus chefes. Eles podem lhe ter recomendado manter uma posição rígida, e se ele lhe entregar um acordo muito diferente, podem rejeitá-lo. Reunindo-se com eles, ele pode explicar os méritos do acordo proposto e garantir seu apoio.

Na pressa, você também pode achar que conseguiu um acordo, quando, na verdade, não conseguiu. Quando seus advogados forem redigir o contrato no dia seguinte, podem descobrir que você e seu oponente têm interpretações diferentes do acordo, o que pode levar a acusações de má-fé que o deixarão em situação pior do que se você não tivesse declarado que o acordo estava fechado.

Existe uma maneira simples de evitar esse problema. Quando você achar que chegou a um entendimento, use um momento para fazer um breve resumo: "Vamos ver se nós dois interpretamos da mesma maneira o que combinamos". Então verifique atentamente cada um dos tópicos. Se possível, faça o acordo por escrito. Samuel Goldwyn, o magnata do cinema, certa vez comentou: "Um acordo verbal não vale o papel em que está escrito". Faça o que fizer, veja que os termos sejam o mais claros e específicos possível. Um pouco de clareza nessa etapa pode evitar muitos desentendimentos desnecessários mais tarde.

Atravessando a Ponte

Construir uma ponte implica muito mais que fazer uma proposta atraente a seu oponente. Primeiro, significa engajá-lo na elaboração do acordo. Segundo, significa enxergar o que está por trás dos interesses óbvios dele, como dinheiro, por exemplo, mexendo com suas necessidades mais intangíveis, tais como reconhecimento ou autonomia. Terceiro, significa ajudá-lo a preservar seu prestígio, quando ele retroceder de sua posição inicial; significa encontrar uma maneira dele apresentar o acordo a seus chefes como uma vitória. E, finalmente, significa ir devagar para chegar rápido, guiando o passo a passo pela ponte.

Agora você já facilitou as coisas para seu oponente dizer sim. Se ele atravessar a ponte, parabéns. Todavia, se ele não atravessar, você precisa dificultar o máximo possível que ele diga não. Esse é o assunto de nosso próximo e último capítulo.

ETAPA 5

Dificulte o Não

Faça-os Caírem em si, Não de Joelhos

O melhor general é aquele que nunca luta.

— Sun Tzu

E se apesar de todos os seus esforços para construir uma ponte dourada para seu oponente, ele continuar se recusando a chegar a um acordo? Uma vez que o jogo da solução do problema não deu certo, você se sente tentado a abandoná-lo e recorrer ao jogo do poder. Você usa todo o seu poder para forçar seu oponente a fazer o que você quer que ele faça. Um cônjuge ameaça pedir o divórcio, uma empresa processa o cliente inadimplente, um sindicato entra em greve ou uma nação vai à guerra.

No jogo do poder, em vez de ouvir e demonstrar respeito, você ameaça; em vez de reformular a posição de seu oponente, você reforça a sua; e em vez de construir uma ponte dourada, você o força a descer pela prancha de desembarque. Em vez de lhe facilitar o sim, você torna mais fácil para ele dizer não. Você reforça não só os seus meios, mas também seus fins. Investindo mais recursos na batalha, é natural que você queira mais de seu oponente para compensar seus esforços. Seu objetivo deixa de ser a satisfação mútua e passa a ser a vitória.

Imagina-se que o jogo do poder funcione da seguinte maneira: você ameaça ou tenta coagir seu oponente, e ele recua. Contudo, a menos que você tenha uma vantagem decisiva de poder, ele geralmente resiste e contra-ataca. Ele fica irritado e hostil, anulando suas tentativas de desarmá-lo. Ele se agarra com mais teimosia à posição por ele assumida, frustrando seus esforços de mudar o jogo. Ele resiste cada vez mais a chegar a um acordo, não só por receio de que você possa querer mais, mas porque um acordo àquela altura significaria uma derrota para ele.

Quanto mais você torna difícil para ele dizer não, mais difícil será conseguir um sim. Esse é o paradoxo do poder.

Assim, você se vê forçado a impor uma solução a seu oponente. Quando ele revida, você se arma para uma luta que lhe custará caro. Um processo, uma greve ou uma guerra lhe custarão tempo e dinheiro, sem falar em sangue, suor e lágrimas.

É bem possível que ambos acabem derrotados nessa luta. O cônjuge que ameaça pedir o divórcio pode acabar em uma casa vazia, a empresa que entrou com um processo pode perder um bom cliente, o sindicato que entra em greve pode levar a empresa à falência e a nação que entra em guerra pode acabar arruinada. "Olho por olho, e todos acabaremos cegos", disse certa vez Mahatma Gandhi.

Mesmo que você ganhe a batalha, pode perder a guerra. No transcorrer da luta, você pode destruir seu relacionamento com seu oponente. E ele sempre encontrará uma maneira de dar o troco, quando estiver em uma posição mais favorável de poder. A guerra — seja no sentido militar, seja no empresarial ou doméstico — é um método muito caro de decidir uma disputa. É por isso que há mais de dois mil anos o grande estrategista chinês Sun Tzu escreveu: "O suprassumo da habilidade não é obter cem vitórias em cem batalhas, e sim dominar o inimigo sem entrar em combate".

Como você pode usar o poder para levar seu adversário a um entendimento sem terminar em uma luta dispendiosa? Como você pode usar o poder de uma maneira construtiva, não destrutiva? Como você pode superar o paradoxo do poder?

Use o Poder para Orientar

O maior erro que você comete quando se sente frustrado é abandonar o jogo da solução do problema e entrar no jogo do poder.

Superar o paradoxo do poder significa tornar mais fácil para seu oponente dizer sim, ao mesmo tempo que torna mais difícil para ele dizer não. Facilitar o sim requer negociação para solução do problema; dificultar o não requer exercício do poder. Você não precisa escolher uma opção. Pode fazer as duas coisas.

Trate o exercício do poder como uma parte integral da negociação para a solução do problema. Use o poder para trazer seu oponente à mesa de negociação. Em vez de buscar a vitória, almeje a satisfação mútua. Em vez de usar o poder para fazer seu oponente cair de joelhos, faça-o cair em si.

Se ele se recusa a entrar em acordo apesar de todos os seus esforços, é porque ele acredita que pode vencer. Acredita que a melhor alternativa dele, sua BATNA, é melhor que a ponte dourada que você lhe oferece. Você precisa convencê-lo de que ele está enganado.

Use seu poder para *orientar* seu oponente. Coloque-se na posição de um conselheiro respeitável. Aja como se ele tivesse simplesmente calculado mal a melhor maneira de satisfazer seus interesses. Mostre que para ele é conveniente evitar as consequências negativas de não se chegar a um acordo. Não tente impor suas condições, procure moldar as opções de maneira que ele tome uma decisão que satisfaça os interesses dele e seus.

Fazê-lo cair em si atua em conjunto com a ponte dourada que você lhe oferece, sendo que o primeiro exorbita os custos de não se chegar a um acordo, enquanto o segundo ressalta os benefícios do entendimento. Seu oponente terá de escolher entre arcar com as consequências de não entrar em acordo ou atravessar a ponte. Sua missão é acentuar as diferenças entre as duas opções, até ele reconhecer que a melhor maneira de satisfazer seus próprios interesses é atravessar a ponte.

Explique as Consequências a Seu Oponente

Se o seu oponente não sabe quais serão as consequências se vocês não chegarem a um acordo, mostre-lhe como elas serão sérias.

Faça Perguntas que Testem a Realidade

A melhor maneira de orientar seu oponente é deixando que ele aprenda sozinho. Faça-lhe perguntas que o façam refletir sobre o impacto que causaria o fato de vocês não chegarem a um acordo. Deixe que a realidade seja seu professor.

Quando a Chrysler estava à beira da falência, em 1979, o presidente da empresa, Lee Iacocca, tentou negociar com o Congresso uma garantia de empréstimo. Porém a maioria dos congressistas era de opinião que não competia ao governo salvar empresas privadas que se encontrassem em situação difícil. Participando de seguidas reuniões do plenário, Iacocca tentou fazer os legisladores caírem em si. Para fazê-los ver as consequências de rejeitarem o apelo da Chrysler, ele fez perguntas que testavam a realidade: "Vocês acham que a nação ficaria realmente em melhor situação se a Chrysler fechasse as portas e a taxa de desemprego subisse mais meio por cento de um dia para o outro? A iniciativa privada estaria realmente sendo ajudada se a Chrysler falisse e liquidasse com milhares de empregos no exterior?".

Citando a estimativa feita pelo Departamento do Tesouro Nacional sobre quanto as dispensas custariam ao governo em termos de seguro-desemprego e auxílio social só no primeiro ano, Iacocca disse aos congressistas: "Vocês têm duas opções:

preferem pagar os 2,7 bilhões de dólares já ou garantir metade dessa quantia com uma boa chance de recebê-la de volta?".

Em essência, Iacocca estava perguntando: o que vocês preferem, arcar com as consequências de não chegarmos a um acordo ou atravessar a ponte dourada?

Embora os legisladores se opusessem a ajudar a Chrysler em termos ideológicos, eles mudaram de ideia ao reconhecerem a verdadeira escolha que deveriam fazer. Como Iacocca escreveu posteriormente, quando os membros do Congresso "compreenderam quantas pessoas de seu eleitorado dependiam da Chrysler para ganhar a vida, a ideologia foi para o espaço". Iacocca conseguiu a garantia do empréstimo de 1,5 bilhão de dólares de que precisava.

As três perguntas mais comuns de teste da realidade são:

1. *"O Que Você Acha Que Vai Acontecer se Não Chegarmos a um Acordo?"* A pergunta mais óbvia é a que Iacocca formulou ao Congresso: "Quais serão os custos se não chegarmos a um entendimento?" Se o seu oponente parece não estar vendo parte do quadro, mostre-o a ele por inteiro na forma de uma pergunta: "Você já pensou na possibilidade de uma greve prolongada levar a empresa à falência e todos nós ficarmos desempregados?" ou "Você está ciente das graves consequências que ambos teremos de enfrentar se não resolvermos esta questão?". Se o seu oponente ainda não considerou esse problema ou subestimou as consequências, talvez agora ele comece a notar como sua ponte dourada é atraente.

2. *"O Que Você Acha Que Eu Vou Fazer?"* Se você acha que seu oponente está subestimando a força de sua BATNA, pergunte-lhe: "Se não chegarmos a um acordo, o que acha que eu vou fazer a fim de satisfazer meus interesses?" ou "O que você me aconselharia a fazer?".

> Um patrão diante de um funcionário que tem faltado ao trabalho pode perguntar: "O que você acha que eu vou fazer se você faltar novamente?" ou "O que você faria se o seu funcionário faltasse e você não conseguisse terminar o projeto?". Se prefere uma colocação menos pessoal, invoque seus chefes. Um líder sindical pode perguntar à diretoria da empresa: "Como vocês acham que os funcionários se sentirão perdendo os benefícios da assistência médica, e o que acham que eles farão?".

Se o seu oponente o ameaçar, pergunte-lhe como ele acha que você vai reagir se ele cumprir sua ameaça: "Claro, vocês podem entrar em greve, mas, se o fizerem, o que acham que vamos fazer? Pensam que vamos ficar sentados, de braços cruzados?". Use perguntas para mostrar a ele que você não é tão vulnerável à ameaça dele quanto ele pensa, e que sua reação lógica pode deixar ambos em má situação: "Nós temos estoques para seis meses e poderemos manter a fábrica funcionando com o pessoal da chefia. Seremos prejudicados, é claro, mas o prejuízo dos operários será maior. De que isso vai adiantar?". Deixe que ele saiba que, se você comunicasse a ameaça dele a seus superiores, o tiro sairia pela culatra: "Se eu relatasse isso aos membros do conselho, eles se sentiriam chantageados e você não acharia fácil tratar com eles".

3. *"O Que Você Vai Fazer?"* Se você acha que seu oponente está superestimando a alternativa que ele tem, faça perguntas a esse respeito: "O que pretende fazer se não chegarmos a um acordo? Quanto isso lhe custará? Até que ponto isso satisfará seus interesses?". Obviamente ele tenderá a superestimar a força de sua BATNA e, assim sendo, faça uma sondagem para expor alguns pontos negativos: "Você pode levar a questão à justiça, claro, mas quanto tempo isso levará? E quanto às despesas jurídicas? E mesmo que você ache que está certo, será que o juiz verá as coisas pelo mesmo prisma que você?".

Advirta, Não Ameace

Fazer perguntas nem sempre é suficiente para conscientizar seu oponente sobre as consequências de não se chegar a um entendimento. O passo seguinte é fazer uma declaração direta do que acontecerá. Antes de apresentar sua BATNA, diga a seu oponente o que pretende fazer. Você quer dar a ele uma chance de reconsiderar sua recusa em negociar. Na verdade, uma advertência pode até dar mais resultado do que se você usar sua BATNA, já que, na imaginação de seu oponente, sua alternativa pode parecer melhor do que é na realidade.

Cuidado, entretanto, para não ameaçar seu oponente. Uma ameaça pode facilmente surtir o efeito contrário, transformando uma questão monetária num teste de poder e reputação. A ameaça de perigo fará com que ele contra-ataque com mais violência. Uma ameaça direta pode também unificar a organização de seu oponente contra você. As divergências internas desaparecem quando todos somam forças para lutar contra você, que será o inimigo comum.

Como você pode apresentar sua BATNA a seu oponente de maneira a levá-lo à mesa de negociações, e não ao campo de batalha? O segredo está em moldar o que diz em forma de *advertência,* e não de ameaça. À primeira vista, uma advertência pode parecer uma ameaça, já que ambos falam das consequências negativas caso não haja um acordo. Porém existe uma diferença crítica, ainda que sutil: a ameaça é subjetiva e agressiva, ao passo que a advertência é objetiva e respeitosa.

A ameaça é uma declaração de sua intenção de infligir dor, danos ou um castigo a seu oponente. É uma promessa negativa. A advertência, por sua vez, é um aviso de perigo. A ameaça transmite o que *você fará* se ele não concordar. A advertência transmite o que *acontecerá* se vocês não chegarem a um acordo. A advertência, em outras palavras, coloca uma certa distância entre você e sua

BATNA. Ela mostra objetivamente as consequências de não se chegar a um acordo, dando a impressão de que elas resultam da própria situação em si. É mais fácil para seu oponente curvar-se à realidade do que ceder a você pessoalmente.

Enquanto a ameaça é transmitida de maneira agressiva, a advertência é feita com respeito. Apresente sua informação num tom neutro e deixe seu oponente tomar sua própria decisão. Quanto mais tenebrosa a advertência, mais respeito você deve demonstrar.

Uma ameaça é dizer ao colega que ocupa um cargo correspondente ao seu na produção: "Se você não concordar em aumentar a produção, levarei o caso à diretoria". Ele provavelmente reagirá: "Quem você pensa que é, dizendo-me como devo dirigir meu departamento?". Ele pode se zangar, e você terá comprado uma briga com um colega. Uma advertência, por outro lado, é dizer ao colega: "Se a cota de produção que combinamos não for completada, a divisão será bastante prejudicada e todos nós teremos problemas com a diretoria". É mais provável que você o induza a voltar à negociação da solução do problema por meio da advertência.

Há ocasiões em que é preciso marcar um prazo final para forçar uma decisão. Contudo, um prazo arbitrário pode ser interpretado como uma ameaça. O melhor é aproveitar prazos "naturais", que servem como advertências objetivas, tais como o fechamento do orçamento anual, a reunião trimestral da diretoria, a publicação de relatório ou a aproximação dos feriados de fim de ano. Como essas datas fogem a seu controle, fica mais fácil para seu oponente aceitar.

Demonstre Sua BATNA

Se o seu oponente ignorar sua advertência, você precisará dar o próximo passo: mostre-lhe que tem poder demonstrando sua BATNA. A demonstração serve para mostrar o que você planeja fazer, sem você precisar fazê-lo. É uma maneira de orientar seu oponente a um custo mínimo para você e o mínimo de sofrimento para ele.

No Japão, por exemplo, é comum que os trabalhadores entrem em "greve" enquanto continuam a trabalhar. O sinal de que estão em greve é uma faixa preta que usam no braço para mostrar à direção sua insatisfação. As faixas também servem para lembrar à direção o poder em potencial que os trabalhadores possuem sobre o futuro econômico da empresa. Essas greves simbólicas revelaram-se surpreendentemente eficazes no que se refere a levar a direção da empresa à mesa de negociações para debater os problemas dos trabalhadores.

Se a sua BATNA é ir à justiça, você pode demonstrá-la envolvendo um advogado na negociação. Uma associação de moradores, empenhada em persuadir o departamento rodoviário a construir passagens subterrâneas para pedestres em vez de passarelas suspensas, contratou um eminente advogado para acompanhar seu representante quando este foi levar a petição ao departamento. Ninguém falou em levar o caso à justiça, mas a mensagem era clara e evidente. O departamento rodoviário voltou atrás em sua decisão de construir passarelas, optando por passagens subterrâneas.

Para demonstrar essa BATNA no meio de uma negociação, você pode abandonar o recinto. Essa tática não é para ser usada levianamente. Você não está blefando, mas sim enviando a seu oponente e seus chefes um forte sinal de que não está brincando quanto a recorrer a sua BATNA. Ao abandonar o recinto, não precisa bater a porta. Apenas diga: "Vocês me desculpem, mas a maneira pela qual estamos negociando não nos levará a um resultado construtivo. Estou pronto a negociar quando vocês quiserem. Aqui está o número de meu telefone. Por favor, telefonem avisando quando estiverem prontos. Até lá, irei pesquisar minhas alternativas". Deixe a porta aberta para que seu oponente possa chamá-lo de volta, ou para que seu chefe chame um superior dele, ou para que um terceiro possa trazê-lo de volta.

Outra maneira de demonstrar sua BATNA é preparar-se para executá-la de tal maneira que seu adversário fique sabendo de seus planos. Veja a situação de uma sofisticada loja de departamentos que tinha uma política de recrutamento discriminatória, contratando minorias apenas para cargos mais inferiores. Uma organização comunitária protestou, mas a loja recusou-se a negociar. Em resposta, a organização mobilizou três mil membros de grupos minoritários e planejou mandá-los de ônibus para a loja, vestidos com suas melhores roupas, em um dos seus sábados mais movimentados. Eles ficariam horas perambulando pelas seções, mantendo os vendedores ocupados. Os clientes regulares entrariam, veriam aquela multidão de gente e sairiam. Em suas reuniões de planejamento, os líderes comunitários incluíram uma pessoa que eles sabiam que iria contar seus planos à direção da loja. Quando a administração tomou conhecimento do plano, pediu imediatamente uma negociação com a organização comunitária e concordou prontamente em contratar um número considerável de vendedores e *trainees* executivos pertencentes a grupos minoritários.

Lembre-se de que o poder, assim como a beleza, está nos olhos de quem o vê. Se você quer que sua BATNA surta o efeito de trazer seu oponente de volta à mesa de negociação, ele precisa saber o quanto ela é real.

Use Sua BATNA, Desative a Reação

Se o seu oponente insiste em se recusar a negociar, você não tem outra escolha a não ser usar sua BATNA. Os trabalhadores insatisfeitos entram em greve. A associação de moradores entra com um processo contra o departamento rodoviário. A organização comunitária realiza sua expedição à loja de departamentos. Use sua BATNA para mostrar a seu oponente que ele não pode vencer unilateralmente e que continua sendo do interesse dele retomar a negociação.

O problema, entretanto, é que o fato de você exercer abertamente seu poder instiga seu adversário a revidar, mesmo que sua reação não tenha nenhum sentido. Ele pode se deixar dominar pelas emoções, não enxergando os custos da luta e os benefícios da negociação. Essa resistência "irracional" pode terminar frustrando sua tentativa de orientá-lo por meio do uso do poder.

Portanto, a maneira como você usa o poder é de suma importância. Quanto mais poder você usar, maior será a necessidade de anular a resistência de seu oponente.

Apresente Sua BATNA sem Provocação

O poder leva ao abuso. O exercício do poder pode facilmente se transformar em uma válvula de escape para seus sentimentos de frustração e raiva reprimidos. É humanamente natural que você deseje fazer seu oponente pagar por todos os transtornos que ele lhe causou. Todavia, para toda ação que você tomar, haverá uma reação igual e oposta da parte dele. "Quanto mais brutais forem seus métodos", escreveu *sir* Basil Liddell Hart, um conceituado estrategista britânico, "mais revoltados ficarão seus oponentes, com o resultado natural de endurecer a resistência que você está tentando vencer".

Use o Mínimo Necessário de Poder. O ideal seria não precisar usar sua BATNA de maneira alguma, mas se isso for inevitável, use-a o mínimo possível. Procure usar o mínimo necessário de poder para persuadir seu oponente a voltar à mesa de negociação. Geralmente isso significa esgotar todas as suas alternativas antes de avançar. No início da crise dos mísseis cubanos, o presidente Kennedy negou-se a ordenar um ataque aéreo imediato aos mísseis soviéticos em Cuba. Ele queria evitar uma provocação ao primeiro-ministro Kruschev, que poderia ordenar um contra-ataque às forças norte-americanas em Berlim ou na Turquia; o que poderia, por sua vez, deflagrar a Terceira Guerra Mundial. Para manifestar seu poder sem precipitar os acontecimentos, Kennedy decidiu recorrer primeiro a um bloqueio naval a Cuba. Sua estratégia deu certo. A crise foi resolvida por meio de negociação, não de guerra.

Quanto mais pressão você exercer, mais negativa será a reação de seu oponente. Se você é um sindicalista em greve, mantenha a greve pacífica; impeça os membros mais exaltados de partirem para a violência física ou sabotagem industrial. Se você é o patrão, pense bem antes de contratar novos funcionários para substituir os grevistas. Faça todo o possível para não provocar seu oponente, lembrando-se de que seu principal objetivo é trazê-lo para a mesa de negociação.

Ao se defrontar com o problema de uma rebelião comunista na Malásia, em 1948, Winston Churchill chamou o marechal de campo Templar e deu-lhe plena autoridade para fazer o que fosse preciso para acabar com a rebelião. Contudo, Churchill tinha um conselho a dar ao marechal de campo: "Poder absoluto, Templar... sobe à cabeça... use-o com moderação".

Use Meios Legítimos. Quanto mais legítimo for seu uso do poder, menor será a probabilidade de seu oponente resistir a ele, e maior a probabilidade de você induzi-lo a negociar. No caso da loja de departamentos que tinha uma política discriminatória, por exemplo, o ato de entrar na loja para olhar as mercadorias era perfeitamente legal, e a direção não podia evitar a entrada do grupo minoritário sem gerar uma publicidade negativa para a loja e para sua política de recrutamento de funcionários. Na crise dos mísseis cubanos, o presidente Kennedy optou por um bloqueio naval por acreditar que seria um meio mais legítimo que um ataque aéreo. A legitimidade despersonaliza o uso do poder, de maneira que é menos provável que seu oponente se sinta desafiado pessoalmente e compelido a reagir.

Neutralize o Ataque de Seu Oponente

A disputa de poder é uma rua de duas mãos. Seu oponente pode atacá-lo para revidar o golpe que você usou contra ele ou simplesmente para forçá-lo a aceitar seus termos. Você precisa se defender. O contra-ataque, no entanto, em geral resulta em uma confrontação inútil. O meio mais eficaz consiste em neutralizar o ataque de seu oponente sem revidar.

Se você acha que seu cliente ameaçará passar por cima de você para conseguir um negócio melhor, fale com seu chefe com antecedência. Faça com que ele se comprometa a mandar o cliente de volta para você, caso este vá procurá-lo. Quando o cliente fizer a ameaça, você estará preparado: "Por favor, esteja à vontade para falar com meu chefe. Eu já discuti a questão com ele, e tenho a certeza de que ele lhe dirá a mesma coisa que eu disse".

Sem atacar o cliente, neutralize sua capacidade de coagi-lo. Veja o caso de uma mina de carvão onde as relações entre os trabalhadores e a chefia eram tumultuadas. A mina estava recebendo constantes ameaças de bomba pelo telefone nas mudanças de turno. A direção era obrigada a fechar a mina enquanto se realizavam as buscas. Finalmente, surgiu a ideia de mandar a telefonista gravar as ligações e dizer aos interlocutores: "Sua voz está sendo gravada. Em que posso ajudá-lo?".

A primeira gravação de ameaça de bomba foi tocada para os mineiros reunidos, aos quais foi pedido que avisassem à direção caso reconhecessem a voz. Depois disso, o número de telefonemas com ameaças de bomba caiu drasticamente. A direção havia conseguido neutralizar a tática do misterioso personagem.

Temos também um exemplo internacional. Em 1948 o líder soviético Joseph Stálin bloqueou Berlim Ocidental, exigindo que as tropas aliadas saíssem da cidade. Os poderes ocidentais pensaram em quebrar o bloqueio com um comboio armado, mas temiam que isso pudesse deflagrar a Terceira Guerra Mundial. Então eles optaram por neutralizar o bloqueio organizando uma enorme ponte aérea para transporte de alimentos e suprimentos para os berlinenses sitiados. Percebendo que o bloqueio não estava funcionando, Stálin acabou por suspendê-lo e concordou em negociar.

Como cada uma dessas situações ilustra, seu desafio é frustrar o ataque de seu oponente sem contra-atacar. Seu objetivo não é puni-lo, mas mostrar que ele só pode satisfazer seus interesses por meio da negociação.

Convoque a Terceira Força

Talvez você sozinho não tenha poder suficiente. Felizmente, quase toda negociação transcorre em uma comunidade maior, que constitui uma "terceira força" em potencial em sua negociação. Na maioria das vezes, a maneira mais eficaz de anular os ataques de seu oponente e fazê-lo chegar a um acordo sem provocar uma contrarreação é envolvendo outras pessoas na questão.

Forme uma Coalizão. Quando se está induzindo um ditador, uma loja de departamentos ou um chefe irredutível a negociar, convém formar uma poderosa coalizão de correligionários. Na crise de Berlim os Estados Unidos mantiveram-se unidos à França e à Grã-Bretanha. A associação de moradores obteve a ajuda de um eminente advogado. A organização comunitária de grupos minoritários conseguiu mobilizar três mil pessoas. Ao identificar aliados em potencial, escolha os mais prováveis de simpatizarem com sua causa e lhe darem apoio: um parente ou amigo mais chegado, um cliente antigo, uma organização que compartilha dos seus objetivos ou alguém que tenha tido problemas semelhantes com seu oponente.

Enquanto nós naturalmente pensamos em recorrer aos amigos e aliados, quase nunca pensamos em pedir ajuda a quem nosso oponente pede: sua família, seus amigos, colegas e clientes. Ele pode não querer ouvir o que você tem a dizer, mas talvez eles queiram. E ele os ouvirá, se eles o incentivarem a negociar. Nas negociações de sequestros nacionais, por exemplo, a polícia costuma usar membros da família e amigos do sequestrador para convencê-lo a agir com bom senso; em casos internacionais, as nações que têm ligações com o grupo de sequestradores são geralmente solicitadas a interceder.

Além de seus aliados e dos dele, você pode mobilizar também as pessoas que estão no meio, os indecisos, os neutros. Se estiver negociando com seu rival no departamento sobre quem assumirá o comando de um novo projeto, a pessoa a intermediar pode ser o chefe de ambos. Se você for o representante de uma organização comunitária tentando negociar com uma empresa de empreendimentos imobiliários recalcitrante, pode recorrer aos órgãos de comunicação para lhe darem cobertura e apoio.

Use Terceiros para Impedir Ataques. A presença de um terceiro elemento pode impedir seu oponente de ameaçar ou atacar você. Quando há crianças discutindo, o olhar vigilante do pai ou da mãe geralmente evita que eles partam para a agressão física. Quando a opinião pública está vigilante, mesmo um governo ditatorial hesita antes de usar de violência contra manifestantes.

Veja este exemplo de uma negociação extraordinária. Em 1943, centenas de mulheres alemãs casadas com judeus marcharam por mais de uma semana nas ruas de Berlim, tentando libertar seus maridos das prisões nazistas, onde eles aguardavam o momento de serem transportados para as câmaras de gás. Os nazistas tentaram assustar as mulheres com tiros de metralhadora, mas elas não recuaram. Os nazistas se viram diante de um dilema: libertar os prisioneiros ou usar de violência contra mulheres "arianas", diante dos olhos de uma população cujo apoio e moral eles queriam preservar a todo custo? No final, o mais bárbaro de todos os governos decidiu-se pela primeira opção e aproximadamente mil e quinhentos judeus foram salvos da morte. As mulheres conseguiram apresentar sua BATNA (a marcha pelas ruas) enquanto inibiam uma reação negativa (um fuzilamento em massa) devido à presença de terceiros: o povo alemão.

Use Terceiros para Promover uma Negociação. Terceiros também podem induzir seu oponente a negociar com você. O diretor executivo pode dizer a você e a seu oponente que vocês devem resolver sua disputa no prazo de uma semana. Um juiz pode chamar você e seu oponente a sua sala e pressioná-los a fazer um acordo fora do tribunal. Às vezes, o simples fato de saber que há outras pessoas olhando é suficiente para trazer seu oponente à mesa de negociação.

Uma terceira parte também pode ajudá-lo a resolver sua disputa servindo de mediador; pode ajudar cada um de vocês a entender os interesses do outro e pode sugerir possíveis opções para um acordo. Seu oponente achará mais fácil aceitar uma solução sugerida pelo mediador do que ceder a você. E se vocês estiverem de relações cortadas, uma terceira parte pode reconciliá-los. O mediador pode ser um amigo comum, o chefe de ambos, um líder comunitário ou um profissional neutro.

Se o seu oponente se recusa a concordar com sua proposta, você pode conseguir o apoio de outras pessoas para fazê-lo ver que é uma proposta sensata. Esse é o método de intervenção comumente usado para persuadir um alcoólatra a procurar tratamento. Uma esposa sofredora de longa data, por exemplo, tinha o problema de um marido alcoólatra que vivia quebrando suas promessas de parar de beber. Desesperada, ela pediu a ajuda de pessoas relacionadas com ele: filhos, irmãos, amigos íntimos e o patrão dele. Juntos, eles se empenharam em persuadir o alcoólatra a procurar tratamento. Um por um, eles lhe disseram o quanto ele significava para eles e contaram casos de incidentes específicos relacionados à bebida, como direção perigosa, violência pessoal ou comportamento embaraçoso. A seguir, reunidos, insistiram para que ele procurasse ajuda. Para facilitar sua decisão, eles já haviam preparado uma lista de centros de tratamento e feito reservas para ele em todos eles. Diante dessa demonstração de afeto e apoio, ele finalmente decidiu aceitar a ajuda de que precisava. O esforço da esposa não tinha sido suficiente. Para ele se decidir, foi preciso o incentivo de amigos, parentes e colegas. É como diz o provérbio: "Se uma pessoa lhe diz que você tem rabo, você ri. Se três pessoas dizem, você vira para trás para olhar!".

É mais fácil conseguir a ajuda de terceiros se você puder lhes mostrar que sua causa é legítima. Utilize-se de padrões independentes, tais como precedentes anteriores, equidade, regras da empresa e da lei. Estar com a razão geralmente não basta, por isso emoldure sua disputa de tal maneira que a questão ou o princípio seja importante para a terceira parte. Se você recorre a seu chefe, é mais provável que ele lhe dê seu apoio se você puder lhe mostrar como os interesses dele ou os interesses maiores da empresa estão em jogo.

Se a outra parte não estiver inclinada a ajudá-lo a trazer seu oponente à mesa de negociação, você precisa lhe dar uma razão para se preocupar. Veja a tática adotada pelos inquilinos de um cortiço. Eles estavam tentando persuadir o locador a consertar o encanamento do prédio, mas ele se recusava a atendê-los. Então os inquilinos decidiram fazer uma passeata. Em vez de carregar seus cartazes e faixas em torno do prédio ou do escritório do locador, eles foram até a casa dele, em um bairro nobre da cidade. Em poucos minutos o locador recebeu uma chuva de telefonemas dos seus vizinhos, que diziam: "Não me interessa como você ganha seu dinheiro. Só quero que tire essa gente da nossa calçada".

Como já era de esperar, ele mandou consertar o encanamento. Ao recorrer a sua BATNA, não deixe de levar em consideração a ajuda que uma terceira parte pode lhe proporcionar para trazer seu oponente de volta à mesa de negociação. Se você exercer seu poder por meio dela, é menos provável que desencadeie uma reação negativa da parte de seu oponente.

Acentue as Diferenças entre as Opções

À medida que você mostra a seu oponente os custos de não chegarem a um acordo, não deixe de lembrá-lo continuamente da ponte dourada que você construiu para ele. Quando ele se recusa a negociar, é compreensível que você se sinta tentado a levantar a ponte e rescindir sua última melhor oferta. Na verdade, você deve deixar sua oferta mais generosa na mesa, bem à vista. Nada ajudará mais a reduzir a resistência dele do que a possibilidade de uma saída atraente.

Seu poder de trazê-lo a um entendimento não vem dos custos que você pode impor, mas dos *contrastes* entre as consequências se não houver acordo e o fascínio da ponte dourada. Continue acentuando esses contrastes até que ele compreenda que a melhor maneira de satisfazer os próprios interesses é atravessar a ponte.

Deixe Que Seu Oponente Saiba Que Ele Tem uma Saída

O poder não tem utilidade se ele empurra seu oponente para um canto e o faz resistir com todas as suas forças. Deixar uma saída para ele é um preceito importante desde a Antiguidade. Na história da antiga China está registrado o caso de um general que cercou um grupo de rebeldes em uma cidade chamada Yuan Wu. Incapaz de capturar a cidade, o general foi repreendido pelo rei: "Agora, que você acumulou tropas e cercou o inimigo, está decidido a lutar até a morte. Isso não é estratégia nenhuma! Suspenda o cerco. Deixe que eles saibam que existe uma rota de fuga, e assim eles fugirão e se dispersarão. Aí, então, qualquer guarda de aldeia poderá capturá-los!".

O general seguiu o conselho do rei e tomou Yuan Wu.

Embora você presuma que seu oponente saiba que tem uma saída, ele pode estar convencido de que essa saída não existe mais. Um assaltante de banco com reféns pode achar que, por ter matado um policial num tiroteio, ele não tem mais nada a perder matando os reféns. Cabe ao negociador da polícia convencê-lo de que ele ainda pode salvar alguma coisa por meio da negociação. Um adolescente que roubou dinheiro dos pais para comprar drogas pode achar que nunca mais será aceito pela família; cabe aos pais convencê-lo de que ele pode voltar para casa.

É fácil para seu oponente interpretar sua tentativa de orientá-lo por meio do poder como uma tentativa de derrotá-lo. Cabe a você lembrá-lo constantemente de que seu objetivo é a satisfação mútua, não a vitória. Em uma negociação por aumento de salário, seu patrão pode interpretar seu comentário sobre uma proposta de emprego que você recebeu como uma ameaça de pedir demissão. Você terá de se desdobrar para convencê-lo de que quer continuar na empresa. *Para cada grama de poder que você usar, deve acrescentar um grama de conciliação.*

Deixe Seu Oponente Escolher

Paradoxalmente, logo quando seu oponente parece estar chegando a um entendimento você é aconselhado a se afastar e deixar que ele tome sua própria decisão. Respeite a liberdade dele de escolher entre as consequências de não haver um acordo e a ponte dourada. Em última análise, a escolha deve ser dele. Quando parentes e amigos intervêm na vida de um alcoólatra, eles o incentivam a procurar ajuda, explicam quais serão as consequências se ele não concordar, mas respeitam a liberdade de escolha dele.

Não ofereça a seu oponente uma simples decisão do tipo sim-não. Deixe que ele próprio modele os detalhes. Embora a família tenha arrumado as malas do alcoólatra e feito reservas para seu tratamento, eles lhe dão a escolha de no mínimo dois centros de tratamento. Dessa maneira, ele sentirá que a decisão foi dele.

Mesmo Quando Você Pode Vencer, Negocie

Um resultado imposto é sempre instável. Mesmo que você tenha uma vantagem de poder decisiva, pense duas vezes antes de se declarar vitorioso e impor um acordo humilhante a seu oponente. Ele não só resistirá mais ainda, como tentará sabotar ou anular o resultado na primeira oportunidade. No início do século passado, o mundo aprendeu essa lição a um preço muito alto; uma paz imposta após a Primeira Guerra Mundial não se sustentou e levou à Segunda Guerra Mundial.

Os resultados mais estáveis e satisfatórios, mesmo para a parte mais forte, são geralmente os conseguidos por meio de negociação. Benjamin Disraeli, primeiro-ministro britânico no século XIX, tinha um conselho aos negociadores: "A coisa mais importante, depois de saber quando aproveitar uma vantagem, é saber quando renunciar a uma vantagem". No meio de uma disputa de poder, é fundamental lembrar que seu objetivo não é a vitória por meio do poder superior, mas a satisfação por meio da negociação superior.

Veja este exemplo de como uma pequena cidade do Texas procurou negociar com uma grande empresa de petróleo os impostos a serem pagos por uma refinaria de petróleo localizada junto à divisa, mas fora dos limites da cidade. Os habitantes estavam insatisfeitos porque as escolas eram ruins, as estradas malconservadas e os serviços públicos inadequados. O conselho municipal solicitou à empresa uma contribuição maior aos cofres públicos. A empresa recusou o pedido, apesar de sua alíquota de imposto ser menor que as pagas pelas pessoas físicas.

Os conselheiros viram que não havia o que fazer. A empresa parecia deter todo o poder na negociação. Era uma das maiores empresas do mundo, a que empregava o maior número de pessoas na cidade, e era representada por advogados espertos e inflexíveis.

Desorientados, os cidadãos organizaram uma reunião para decidir o que fazer. Depois de muita discussão, um advogado local apresentou uma proposta fora do comum: "A lei estadual permite que a cidade expanda seus limites se setenta e cinco por cento dos habitantes aprovarem a mudança. Por que não anexamos o terreno onde se localiza a refinaria? Aplicando a alíquota de imposto cobrada pelo município, teremos a renda que falta a nosso orçamento".

A ideia foi adotada, e a cidade fez um plebiscito no qual a aprovação venceu por larga margem.

A cidade agora tinha uma BATNA forte. Entretanto, os conselheiros decidiram *não* pô-la em ação. Eles não queriam brigar com a empresa; queriam apenas que ela assumisse uma parcela mais justa da carga tributária do município. Assim, quando se sentaram para negociar com os advogados da empresa, eles disseram: "Reconhecemos tudo o que vocês fizeram de bom pela cidade. Nós não sobreviveríamos sem vocês. Mas, como vocês sabem, as pessoas estão muito insatisfeitas com o estado das escolas e estradas e não veem razão para vocês não pagarem os impostos como todos os outros. A lei nos permite anexar o terreno onde se localiza a refinaria e, neste caso, vocês seriam obrigados a pagar os impostos pela alíquota municipal. Mas nós preferimos fazer um acordo que satisfaça melhor seus interesses".

Os conselheiros passaram a analisar formas mutuamente benéficas de tornar os impostos menos onerosos. Eles ofereceram um incentivo fiscal em investimentos futuros na refinaria, reconhecendo que isso daria um impulso à economia da cidade. Sabendo da campanha que a empresa estava fazendo para atrair seus fornecedores a se instalarem nas imediações da refinaria, eles propuseram uma suspensão no pagamento dos impostos por um prazo de cinco anos para as novas indústrias. Em resumo, eles tentaram construir uma ponte dourada para a empresa.

O que a empresa podia fazer? O plebiscito mostrou que era impossível ignorar as necessidades da cidade. A BATNA da empresa (mudar a refinaria para outro local) era absurdamente onerosa. É claro que a empresa podia se vingar, reduzindo as operações e cancelando as contribuições às associações de caridade locais. Mas os conselheiros não estavam agindo por simples ganância; a cidade estava realmente sofrendo uma crise financeira. Eles anularam a reação da empresa mostrando que não queriam impor uma solução e procurando uma forma de satisfazer os interesses dela.

No final, a cidade e a empresa chegaram a um acordo. A empresa concordou em elevar sua contribuição tributária de 300 mil para 2,3 milhões de dólares ao ano. Em vez de continuar se deteriorando, as relações entre a cidade e a empresa começaram a melhorar.

Elabore um Acordo Duradouro

Presumindo que você consiga entrar em entendimento com seu oponente, resta agora o desafio final: traduzir essa recém-surgida disposição de negociar em um acordo firme e duradouro.

Concentre-se na Implementação

Mesmo que seu oponente faça o acordo, ele pode não cumprir os termos. Um cliente mau pagador pode prometer que "O cheque será enviado amanhã pelo correio". Um negociante falido pode afirmar que "Tenho certeza de que entrará dinheiro na semana que vem". Mas você pode confiar na palavra deles?

Você precisa elaborar um acordo que induza seu oponente a cumprir com sua palavra e o proteja caso ele não a cumpra. Não é preciso agir com desconfiança; aja independentemente da confiança.

Elabore o Acordo de Maneira a Minimizar Seus Riscos. Não conte apenas com a Justiça para garantir seu acordo; um processo judicial pode ser demorado e oneroso. Se tem dúvidas sobre a integridade de seu oponente, estruture o acordo de forma que você não precise cumprir sua parte até que ele cumpra a dele. Se você é um comprador, combine adiar seus pagamentos até que o vendedor tenha entregue todas as mercadorias que prometeu e esteja tudo conferido. Se você efetuou uma venda a um cliente incerto, não faça um grande estoque baseando-se no pedido dele. Espere até que ele pague algumas entregas em dia e você possa considerá-lo um bom cliente.

Para ter maior proteção, coloque algumas garantias no acordo. Em vez de confiar na promessa de alguém de comprar sua casa ou empresa, estipule um sinal que não será devolvido em caso de desistência. Se estiver sendo contratado para um emprego incerto, proponha uma cláusula de "paraquedas dourado", que especifique quanto você receberá caso a empresa feche ou você seja demitido.

Dificulte uma possível fuga aos compromissos assumidos por seu oponente envolvendo outras pessoas no acordo. Procure obter as assinaturas dos principais integrantes do lado dele. Solicite a pessoas ou instituições respeitadas por seu oponente que sirvam de testemunhas no acordo. Anuncie o acordo publicamente.

Não permita que ele encare suas dúvidas como um ataque pessoal. Se ele disser "Confie em mim", responda "É claro que confio em você", e explique que aquilo é apenas uma prática de rotina em negócios: "Pessoalmente, tenho certeza de que não haverá problemas em nosso acordo, mas meu advogado insiste na rotina de incluir as seguintes garantias". Ou, então, se o seu futuro empregador insiste que um aperto de mão e uma promessa verbal são suficientes para um "paraquedas dourado", diga: "Você tem toda razão, e tenho plena confiança no que está me dizendo. Mas eu me sentirei mais protegido com um memorando por escrito, pois amanhã você pode ser promovido e eu terei um novo chefe que pode não pensar da mesma maneira".

Crie um Procedimento para Solução de Desavenças. As garantias são seu recurso final caso seu oponente rompa o acordo firmado, mas elas não constituem seu primeiro recurso. Para tanto, você deve estabelecer de antemão um procedimento para solução de desavenças. No contrato deve constar exatamente o que acontecerá se uma das partes sentir que a outra não está cumprindo os termos do acordo.

Um procedimento típico é o que especifica que vocês primeiro tentarão negociar uma solução para suas desavenças. Se, depois de trinta dias, vocês não conseguirem chegar a um entendimento, um mediador será convocado. Se ele não tiver êxito dentro de mais trinta dias, vocês deixarão a decisão a cargo de uma terceira parte escolhida de comum acordo. Companhias de petróleo que pretendem formar *joint ventures* criam comissões em sociedade para resolver as desavenças que possam surgir durante as negociações; se uma desavença persiste, ela é levada a dois executivos de alto nível, um de cada companhia, que tentam mediar um acordo. Caso nem assim as partes consigam chegar a um acordo, elas recorrem ao arbitramento. Convém incluir um procedimento para solução de desavenças em todo acordo que você faz.

Mostre Que Você Confia no Relacionamento

Uma negociação difícil pode facilmente abalar seu relacionamento. Caso seu oponente saia da mesa de negociação aborrecido, ele não se esforçará para convencer sua chefia ou implementar o acordo feito.

É de seu interesse que seu oponente se sinta o mais satisfeito possível no final da negociação. Embora você possa sentir-se empolgado com seu sucesso, não cante vitória. No final da crise dos mísseis cubanos, o presidente Kennedy deu ordens estritas aos funcionários de seu gabinete para que não se vangloriassem pela vitória. Ele não queria criar dificuldades para o primeiro-ministro Kruschev justificar a seus camaradas sua decisão de retirar os mísseis de Cuba.

Seja generoso até o final. Resista à tentação natural de disputar até a última migalha. Um negociador profissional de casos de sequestro fez a seguinte colocação: "Nós demonstramos certa flexibilidade no final porque gostamos que eles vençam o último *round.* Nós somos mais complacentes no final porque queremos que eles pensem que se saíram bem". A satisfação de seu oponente pode render ótimos dividendos na implementação do acordo e também em futuras negociações.

Depois de uma negociação difícil, é possível que você sinta que nunca mais quer ver seu oponente. Entretanto, enquanto depender dele o cumprimento dos termos do acordo, convém preservar um bom relacionamento profissional. Palavras gentis e gestos simbólicos ajudam na manutenção desse relacionamento. Se for apropriado, organize uma cerimônia de assinatura do acordo e uma comemoração para ambas as partes. Fale regularmente com seu oponente para que ele saiba que você está cumprindo sua parte. E resolva prontamente qualquer desavença que ele venha a criar. A melhor garantia de um acordo duradouro é um bom relacionamento profissional.

Seu Objetivo É a Satisfação Mútua, Não a Vitória

O eminente estrategista militar prussiano Carl von Clausewitz encarava a guerra como uma continuação da política por outros meios. Da mesma maneira, você deve encarar o poder como uma continuação da negociação para solução do problema por outros meios. Tudo parte dessa colocação. Você busca a satisfação mútua, e não a vitória. Você usa o poder para orientar, e não para lutar. Você avisa seu oponente sobre as consequências de não haver um acordo por meio de perguntas que testam a realidade, advertências em lugar de ameaças e, se necessário, demonstrações de seu poder. Assim como o melhor general nunca entra em combate, o melhor negociador nunca usa sua BATNA.

Se você se vê obrigado a usar sua BATNA, use o mínimo de poder necessário para induzir seu oponente a voltar para a mesa de negociação. Apresente sua BATNA sem provocá-lo e neutralize os ataques sem contra-atacar. Faça o possível para desativar a reação dele de maneira que ele não transforme seu uso do poder em uma batalha inútil e onerosa.

Lembre constantemente a seu oponente que a ponte dourada está aberta para ele. Em vez de tentar impor uma solução, oriente-o sobre a opção que é melhor para ele e para você. Em resumo, use seu poder para fazê-lo cair em si, e não de joelhos.

Conclusão

Transformando Oponentes em Parceiros

Existe uma história de um homem que deixou dezessete camelos para seus três filhos. Ele deixou metade dos camelos para o filho mais velho, um terço para o filho do meio e um nono para o filho mais novo. Os três tentaram fazer a divisão da herança, mas não conseguiram chegar a uma solução, porque dezessete não era divisível por dois nem por três nem por nove. Os filhos pediram ajuda a uma velha sábia. Depois de estudar o problema, a sábia disse: "Vejam o que acontece se vocês pegarem o *meu* camelo".

Assim os filhos ficaram com dezoito camelos. O mais velho pegou a metade: nove. O filho do meio pegou um terço: seis. E o filho mais novo pegou um nono: dois. Nove com seis e mais dois dá dezessete. Sobrou um camelo, e eles o devolveram à sábia.

Assim como os dezessete camelos, haverá ocasiões em que sua negociação parecerá intratável. Assim como a velha sábia, você deverá se afastar da negociação, examinar o problema por outro ângulo e procurar o décimo oitavo camelo.

A estratégia *breakthrough* pode ser seu décimo oitavo camelo. Permite que você saia de cena e veja sua negociação difícil a partir de uma nova perspectiva. Você consegue avançar ao contornar a resistência, abordando-a indiretamente, atuando de modo contrário a suas expectativas. O tema que permeia tudo é tratar seu oponente com respeito — não como um bem a ser pressionado, mas como uma pessoa a ser persuadida. Em vez de tentar mudar o modo de pensar de seu oponente por meio de pressão direta, você muda o ambiente em que as decisões são tomadas. Deixa-se que cheguem a conclusões por conta própria e escolham por si mesmos. *Seu objetivo não é derrotá-los, mas, sim, conquistá-los.*

Para atingir esse objetivo, você precisa resistir a tentações humanas comuns e fazer o oposto do que tem vontade. Você precisa suspender sua reação quando sente vontade de revidar, precisa escutar quando sente vontade de retrucar, precisa fazer perguntas quando sente vontade de dizer a seu adversário o que fazer, precisa diminuir as diferenças quando sente vontade de forçar seu caminho e precisa ser ponderado quando sente vontade de exceder seus limites.

A negociação *breakthrough* é difícil. Negociadores de sucesso são pacientes e persistentes.Normalmente, o progresso vem de maneira gradual. Avanços modestos podem ir se somando para compor um avanço significativo. Ao final, negociações equilibradas que em algum momento pareceram impossíveis frequentemente tem como resultado acordos mutuamente satisfatórios.

Para ilustrar como os cinco passos da estratégia estão interligados, considere dois exemplos bastante diferentes: uma negociação sobre aumento de salário com um empregador e uma negociação de reféns com um criminoso armado.

Uma Negociação de Aumento de Salário

Pense em como uma difícil negociação sobre aumento de salário pode correr:

> Funcionária: Sr. Pierce, podemos falar um minuto?
>
> Chefe: Se for sobre aquele aumento, Elizabeth, não desperdice meu tempo. A resposta é não.

Funcionária: Eu nem pedi ainda.

Chefe: Você não precisa pedir. Não há verba no orçamento para isso.

Funcionária: Mas meu último aumento foi há um ano e meio atrás.

Chefe: Você não ouviu o que eu disse? Não há verba no orçamento. Fui perfeitamente claro?

Considere os caminhos que essa conversa poderia ter tomado. Ação e reação poderiam fazer com que a funcionária cedesse ou que uma discussão séria levasse a um pedido de demissão. Por outro lado, a funcionária poderia ter segurado sua reação, contando até dez. Colocando-se fora da situção, poderia lembrar-se de seu interesse duplo em obter um aumento e manter um relacionamento de trabalho com seu chefe difícil. Em vez de discutir com ele, faria o oposto e se colocaria a seu lado na questão:

Funcionária: Eu entendo que temos um orçamento bastante apertado e que estamos sob muita pressão no momento. Não estou pedindo que destine verba do orçamento para me conceder um aumento.

Chefe: Não está?

Funcionária: Não, eu não quero colocar você numa posição difícil. Sei que está fazendo o melhor que pode por todos nós, em circunstâncias muito difíceis.

Chefe: Tem razão. Gostaria de ter verba para isso, mas simplesmente não temos... Então, o que você está pedindo?

Funcionária: Só gostaria de alguns minutos do seu tempo quando você puder para conversar sobre o meu trabalho, sobre o que eu poderia fazer melhor e o que posso esperar como recompensa, sabendo que não há verba no orçamento no momento.

CHEFE: Bom, acho que não faria mal conversar. Venha por volta das dez horas amanhã, mas se lembre de que um aumento está fora de questão.

A funcionária ainda não conseguiu a concordância sobre um aumento, mas desarmou um pouco a resistência de seu chefe. Criou um clima mais positivo no qual pode negociar. Sua próxima reunião procederá da seguinte maneira:

FUNCIONÁRIA: Agradeço a disponibilidade de você conversar comigo. Estive pensando no que estava falando sobre o orçamento apertado com o qual estamos operando. Estava pensando se existiria alguma maneira pela qual pudesse ajudar a economizar, assumindo responsabilidades adicionais...

CHEFE: Bom, essa é uma questão interessante. Agora, vejamos...

Em vez de rejeitar a posição do chefe sobre o aumento, a funcionária reformula isso numa discussão de como satisfazer seu interesse subjacente de cortar custos. Somente depois dessa conversa é que a funcionária retoma a possibilidade de um aumento:

FUNCIONÁRIA: Agora percebo que um aumento no momento está fora de questão, mas se eu conseguir ajudar a reduzir custos, nós poderíamos então pensar num modo de me recompensar por essas economias e pelas tarefas extras que assumiria — presumindo, é claro, que ficássemos dentro do orçamento?

CHEFE: Não estou certo se isso vai funcionar de verdade.

FUNCIONÁRIA: E se estabelecermos isso como bônus condicionado a economias realizadas?

E assim estão a caminho de um acordo que satisfará as necessidades de ambos. A funcionária está ocupada construindo uma ponte dourada até seu chefe. Se a chefia *continuar* resistindo, pode ser necessário que a funcionária apresente sua BATNA, neste caso, a outra oferta de emprego que buscou e obteve. Se quiser permanecer e manter um bom relacionamento com seu chefe, é melhor evitar provocá-lo:

> **Funcionária:** Sr. Pierce, gostaria do seu conselho. Gosto de trabalhar aqui e gostaria muito de continuar, mas estou com dificuldades para pagar a mensalidade da faculdade dos meus filhos com meu atual salário. Recebi uma oferta de emprego que me proporcionaria mais dinheiro. Idealmente, gostaria de permanecer aqui. Existe um meio de resolvermos isso?

Uma abordagem assim pode despertar a chefia para a possibilidade de perder um empregado valioso e pode tornar a ponte dourada bastante atraente. Se negociar com este chefe parece demasiadamente fácil, considere como a estratégia *breakthrough* foi aplicada em uma das situações mais difíceis que se pode conceber: uma negociação de reféns com um criminoso armado.

Uma Negociação para Libertação de Reféns

Na manhã de 14 de outubro de 1982, uma quinta-feira, a polícia convergiu em peso ao segundo maior hospital dos Estados Unidos, o Kings County Hospital de Nova York, localizado no Brooklyn. Um presidiário armado, chamado Larry Van Dyke, tinha se refugiado em uma sala do porão do hospital, mantendo cinco funcionários como reféns. Van Dyke, que acabara de retirar o gesso do braço, tomara a arma de um guarda, atirara nele e tentara fugir. Cercado pela polícia, Van Dyke capturara reféns. Logo em seguida, ele libertara um deles, mandando um recado para a polícia: "Se eu não sair daqui, vou começar a matar os reféns".

Se fosse uma década antes, a polícia provavelmente resolveria o incidente por meio do uso de força. "Se fosse nos velhos tempos", comentou um capitão da polícia, "nós cercaríamos o local, daríamos um último aviso ao sujeito, lançaríamos gás lacrimogêneo, vestiríamos coletes à prova de bala e iniciaríamos um tiroteio".

No entanto, em vez de atirar, a polícia decidiu conversar. O detetive Robert J. Louden, um experiente negociador de sequestros, iniciou uma conversa com Van Dyke gritando através da porta fechada:

> — Como é que estão as coisas por aí? Meu nome é Bob, e estou aqui para saber o que está acontecendo. Estou aqui para ajudar a resolver esta confusão e nos tirar desta encrenca. Como é o seu nome?
>
> — Meu nome é Van Dyke — respondeu o criminoso —, e tenho uma sala cheia de gente aqui. Não tenho nada a perder. Não vou voltar para a cadeia. Vocês têm trinta minutos para me dar a liberdade.

Louden não rejeitou a exigência ou o prazo, mas reformulou-os em forma de aspirações:

> — Verei o que posso fazer. Estudarei uma forma de ajudá-lo e voltarei o mais breve possível. Como você sabe, essas coisas levam tempo. É uma decisão que está fora de minha alçada. Enquanto isso, há alguma coisa que eu possa fazer por você? — Louden estava tentando focalizar a atenção de Van Dyke no que era concretamente possível.

Enquanto Louden falava, tinha a seu lado um negociador de apoio, cuja função era lhe fornecer perguntas, passar mensagens e ajudá-lo a manter seu equilíbrio emocional. Era a maneira de Louden sair de cena.

Van Dyke avisou que, se a polícia tentasse um ataque, ele mataria os reféns. Louden garantiu-lhe que ninguém lhe faria mal.

— Você não conhece nossos métodos de operação — disse o detetive. — Nos últimos dez anos ninguém foi ferido. Nós não arrombamos portas. Não é como nos filmes de televisão.

O advogado de Van Dyke aconselhou seu cliente:

— Larry, ninguém vai machucá-lo. Em trezentos casos, a unidade de negociação de sequestros nunca feriu ninguém.

Van Dyke ameaçou sair do porão com seus reféns. Louden lhe disse:

— Larry, é melhor você ficar aí dentro. Você nos prendeu aqui fora, e nós o prendemos aí dentro. Nós temos muita gente aqui fora. Não queremos usar a força, mas usaremos se for necessário. Você é um homem inteligente. Conhece as regras do jogo. Vamos ver se conseguimos resolver este problema.

Louden começou a fazer perguntas em aberto para descobrir o que Van Dyke estava pensando e o que ele queria:

— Como foi que você se meteu nessa encrenca? Como podemos resolver isso?

Van Dyke começou a se queixar da corrupção e dos maus-tratos no sistema penitenciário estadual. Louden ouviu com paciência, dizendo:

— Eu entendo como você se sente. Já ouvi essas mesmas queixas de outros presidiários. — E, após uma pausa, continuou. — Já que você levantou a questão, podemos abrir uma investigação sobre a corrupção.

Ele estava tentando criar uma afinidade com Van Dyke, respeitando suas opiniões e concordando sempre que possível. De fato, ele estava usando a tática de passar para o lado do sequestrador.

Van Dyke pediu para falar com Bella English, uma repórter do *Daily News* cujos artigos ele admirava. Louden concordou em procurá-la e persuadiu Van Dyke a aceitar um telefone de campanha para facilitar a comunicação.

Passo a passo, o detetive foi ganhando terreno. Bella English foi trazida ao local por um helicóptero da polícia.

— Queremos que fale com ele pelo telefone — disse--lhe Louden —, mas, por favor, não use palavras negativas como "refém" ou "cadeia".

English apresentou-se a Van Dyke e perguntou-lhe por que ele queria falar com ela.

— Porque você é uma repórter justa — respondeu ele.

Ele lhe contou que seria condenado a uma pena de vinte e cinco anos de prisão por assaltos à mão armada. Ajudada por Louden, Bella English tentou convencer Van Dyke de que a condenação não seria necessariamente essa. Pouco depois ele concordou em libertar um refém assim que recebesse travesseiros, cobertores e café. Às quatro e quinze da tarde um refém foi libertado.

Quatro horas depois, Van Dyke concordou em soltar mais um refém se a emissora de rádio WOR permitisse que Bella English transmitisse suas reclamações sobre as condições do presídio. Poucos minutos depois da transmissão, ele libertou o segundo refém.

— Isso foi muito bom mesmo — disse Van Dyke à repórter.

— Você salvou uma vida.

— Não — respondeu English —, *você* salvou uma vida.

Van Dyke então concordou em libertar um terceiro refém, caso a TV WABC transmitisse uma mensagem ao vivo durante o noticiário das onze da noite. A emissora concordou, a pedido do Departamento de Polícia. No ar, o refém libertado transmitiu uma mensagem de amor de Van Dyke para sua esposa e disse que ninguém seria ferido, contanto que a polícia não provocasse nada.

Todavia, pouco depois da meia-noite o humor de Van Dyke mudou. A polícia ouviu-o ameaçando um refém:

— Velho, fique de joelhos. Eu tenho uma arma apontada para a cabeça dele. Não quero machucar ninguém, mas se eles me tratarem de maneira absurda, cometerei absurdos. — Van Dyke tentou colocar a culpa em Louden. — Esse negócio está demorando demais. Eu vou matar essas pessoas, e a culpa será sua.

Mas Louden desviou-se da acusação:

— Deixe de besteira, Larry. Estamos aqui para ajudar. Estamos todos no mesmo barco. Mas se você fizer isso, não seremos nós. Será você. Agora vamos ver se conseguimos resolver o problema.

Louden sempre procurava voltar a atenção de Van Dyke para o problema.

Na sexta-feira de manhã, o clima ficou mais tenso. Van Dyke pedira os jornais matutinos, mas ficou furioso quando viu as notícias de que ele havia sido acusado de delatar colegas do presídio.

— Eles estão mentindo! — gritou enfurecido. — Eles dizem que eu delatei presidiários e guardas. Guardas, sim. Presidiários, não.

Ele disse que tinha sido forçado por guardas da prisão a envolver outros guardas em tráfico de drogas, e que seria morto se voltasse à penitenciária estadual.

Louden tentou acalmá-lo, mexendo com sua necessidade básica de segurança:

> — Eu sei que você não é um informante. A pessoa que fez essa declaração estava errada. Todos os meios de comunicação estão ouvindo eu dizer isso. Deixe-me ver se eu posso dar um jeito de você não voltar à penitenciária estadual.

Louden consultou os responsáveis pelos sistemas penais estadual e federal para ver se era possível transferir Van Dyke para uma penitenciária federal. A tensão começou a se dissipar quando Mike Borum, diretor da penitenciária estadual, chegou para dizer a Van Dyke que tentaria conseguir uma transferência para ele. Van Dyke disse a seu primo, um guarda penitenciário que foi levado ao local:

> — Estou pensando em me entregar. Eles me propuseram um bom acordo.

Louden construíra uma ponte dourada para Van Dyke.

Van Dyke concordou em libertar um quarto refém caso a TV WABC e a rádio WINS concordassem em transmitir a libertação ao vivo e também deixassem Van Dyke contar seu lado da história. No ar, ele reclamou das condições da penitenciária estadual.

Quatro horas mais tarde, Van Dyke ficou mal-humorado, e insistia que não queria voltar para a prisão. Então disse a Louden:

— Não tenho nada a perder. Vamos jogar roleta-russa.

Louden passou a noite inteira falando com ele, procurando acalmá-lo.

No sábado pela manhã Van Dyke finalmente concordou em libertar o último refém com a condição de ter cobertura da imprensa e a promessa pública de Borum de que receberia a transferência. As oito horas, Louden comunicou a Van Dyke que Borum estava fazendo sua declaração pela TV WABC. Vinte e cinco minutos depois, o último refém foi libertado. Às oito e meia Van Dyke se entregou. Ele foi atendido em seu pedido para falar à imprensa.

> — Eu não sou um louco — disse ele. — Sou um homem que estava tentando conseguir a liberdade... Fui apanhado. Aqui estou.

Então a polícia o levou para o Metropolitan Correction Center, um centro de detenção federal na baixa Manhattan.

Depois de quarenta e sete horas, um dos mais longos e mais dramáticos casos de sequestro da história de Nova York chegou ao fim.

> — Pessoalmente, eu não teria aguentado por muito mais tempo — declarou Louden, rouco e esgotado.

O resultado foi uma vitória para a polícia, que conseguiu negociar a libertação dos reféns, evitar derramamento de sangue e levar o criminoso de volta à prisão. Louden disse que ele e outros membros de sua equipe conseguiram persuadir Van Dyke a desistir de seus planos "procurando transmitir confiança e segurança, procurando mostrar que podíamos tratar um ao outro como seres humanos e ajudar um ao outro a sair dessa situação sãos e salvos".

Van Dyke não conquistou sua liberdade, mas recebeu uma promessa pública de ser transferido para uma penitenciária federal. Depois de se entregar, Van Dyke fez o maior elogio que a polícia podia esperar:

— Eles jogaram limpo comigo — disse ele.

Assim como o melhor general não precisa entrar em combate, também a polícia não precisou usar a força. Eles usaram seu poder não para atacar Van Dyke, mas para contê-lo e lhe mostrar que sua melhor alternativa era se entregar de maneira pacífica. Eles o fizeram cair em si, e não de joelhos.

As Cinco Etapas da Negociação para Derrubar Barreiras

Independentemente de você estar negociando com um sequestrador, seu patrão ou seu filho adolescente, os princípios básicos são os mesmos. Resumindo, os cinco passos da negociação para derrubada de barreiras são:

1. *Saia de Cena.* O primeiro passo é controlar seu comportamento. Quando seu oponente diz não ou lança um ataque, você pode ficar tentado a ceder ou a contra-atacar. Assim sendo, suspenda sua reação anunciando o jogo. Em seguida, ganhe tempo para pensar. Use o tempo para definir seus interesses e sua BATNA. Por meio da negociação, fique de olho no prêmio. Em vez de ficar furioso ou revidar, concentre-se no que você quer. Em resumo, saia de cena.

2. *Passe para o Lado Dele.* Antes de começar a negociar, crie um clima favorável. Anule a raiva, o medo e a desconfiança de seu oponente. Como ele espera que você ataque ou resista, faça o contrário: ouça o que ele tem a dizer, mostre que você respeita o ponto de vista dele e concorde com ele sempre que for possível. Reconheça também a autoridade e a competência dele. Desarme-o passando para o lado dele.

3. *Reformule.* O próximo passo consiste em mudar o jogo. Em vez de rejeitar a posição de seu oponente (o que geralmente só serve para reforçá-la), dirija a atenção dele para o problema de satisfazer os interesses de ambas as partes. Reformule tudo o que ele disser, transformando suas declarações em uma tentativa de solucionar o problema. Faça perguntas que ajudem a solucionar o problema, tais como "Por que você quer isso?", "O que você faria no meu lugar?" ou "E se nós?...". Em vez de *você* tentar lhe explicar as coisas, deixe que o problema lhe sirva de professor. Reformule também as táticas por ele usadas: contorne os obstáculos, desvie os ataques e exponha os truques. Não rejeite: reformule.

4. *Construa uma Ponte Dourada para Seu Oponente.* Finalmente você está preparado para negociar. Seu oponente, no entanto, pode ficar empacado; ainda não convencido dos benefícios que o acordo lhe trará. Você pode ficar tentado a pressionar e insistir, mas isso provavelmente o levará a resistir mais ainda. Então faça o contrário: atraia-o na direção que você quer que ele vá. Aja como se você fosse um mediador. Envolva-o no processo, incorporando as ideias dele. Procure identificar e satisfazer os interesses dele, principalmente suas necessidades humanas básicas. Ajude-o a salvar as aparências e faça o resultado parecer uma vitória para ele. Vá devagar para chegar rápido. Em resumo, torne mais fácil para ele dizer sim construindo-lhe uma ponte dourada.

5. *Faça-o Cair em Si, Não de Joelhos.* Se seu oponente continua resistindo e ainda pensa que pode vencer sem negociar, você deve lhe mostrar o contrário. Torne difícil para ele dizer não. Você pode ameaçar e usar a força, mas isso geralmente produz o efeito contrário; se você o encurralar, é provável que ele parta para o ataque, colocando mais recursos ainda na luta contra você. Então explique-lhe as consequências de vocês não chegarem a um acordo. Faça perguntas que testem a realidade, advirta em vez de ameaçar e apresente sua BATNA. Use-a apenas se for necessário, e minimize a resistência dele, explicando-lhe que seu objetivo é a satisfação mútua, não a vitória. Ele precisa saber que a ponte dourada está sempre aberta. O passo final é fazê-lo cair em si, não de joelhos.

Transformando Oponentes em Parceiros

São precisos dois para complicar, mas basta apenas um para solucionar uma situação complicada; e você tem poder para transformar suas negociações mais difíceis. Durante a Guerra Civil norte-americana, Abraham Lincoln fez um discurso no qual ele falava com simpatia dos rebeldes sulistas. Uma senhora idosa, uma ferrenha unionista, censurou-o por falar bem de seus inimigos quando devia estar pensando em destruí-los. Lincoln deu uma resposta clássica: "Ora, madame, não estarei eu destruindo meus inimigos ao fazê-los meus amigos?".

A estratégia para derrubar barreiras tem exatamente essa finalidade: destruir seu adversário transformando-o em seu parceiro na negociação para solução do problema.

Apêndice

Folha de Preparação

<table>
<tr><td colspan="6">INTERESSES</td></tr>
<tr><td colspan="3">Meus</td><td colspan="3">Deles</td></tr>
<tr><td colspan="3">1.</td><td colspan="3">1.</td></tr>
<tr><td colspan="3">2.</td><td colspan="3">2.</td></tr>
<tr><td colspan="3">3.</td><td colspan="3">3.</td></tr>
<tr><td colspan="6">OPÇÕES</td></tr>
<tr><td colspan="3">1.</td><td colspan="3">4.</td></tr>
<tr><td colspan="3">2.</td><td colspan="3">5.</td></tr>
<tr><td colspan="3">3.</td><td colspan="3">6.</td></tr>
<tr><td colspan="6">PADRÕES</td></tr>
<tr><td colspan="3">1.</td><td colspan="3">4.</td></tr>
<tr><td colspan="3">2.</td><td colspan="3">5.</td></tr>
<tr><td colspan="3">3.</td><td colspan="3">6.</td></tr>
<tr><td colspan="6">BATNA</td></tr>
<tr><td colspan="3">Minha</td><td colspan="3">Deles</td></tr>
<tr><td colspan="6">PROPOSTAS</td></tr>
<tr><td colspan="2">Aspiro a</td><td colspan="2">Ficaria feliz com</td><td colspan="2">Ficaria satisfeito com</td></tr>
</table>

Sumário Analítico

I. Preparando-se

O que deixaria você feliz?
Com o que você se sentiria satisfeito?
Ensaie
Preparando-se para Navegar

II. Usando a Estratégia *Breakthrough*

1. Não Reaja: Saia de Cena

Três Reações Naturais
- Revidar
- Ceder
- Romper

Os Perigos da Reação
Saia de cena
Anuncie o Jogo
- Três Tipos de Táticas
  - Obstrutivas
  - Ofensivas
  - Enganosas
- Reconheça a Tática
- Conheça Seus Pontos Fracos

Ganhe Tempo Para Pensar
- Faça uma Pausa e Não Diga Nada
- Volte a Fita
  - Faça um Intervalo
  - Não Tome Decisões Importantes Impulsivamente
- Não Fique Furioso, Não Revide, Consiga O Que Você Quer

2. Não Discuta: Passe para o Lado Deles

Ouça com Atenção
- Dê uma plateia a seu Oponente
- Parafraseie e Peça Confirmação

3. Não Rejeite: Reformule

Desvie os Ataques
Ignore o Ataque
Reformule o Ataque, Transferindo-o de você para o Problema
Reformule um ataque pessoal em amigável
Reformule erros passados em remédios futuros
Reformule o "Eu" e "Você" para "Nós"
Exponha os Truques
Faça Perguntas Esclarecedoras
Faça uma Solicitação Razoável
Vire o Truque a Seu Favor
Negocie as Regras do Jogo
Mencione a Tática
Negocie a Negociação
O Momento de Decisão

4. Não Pressione: Construa uma Ponte Dourada

Obstáculos ao Acordo
A Ideia Não É Deles
Interesses Insatisfeitos
Medo de Ser Desprestigiado
Grande Demais e Rápido Demais
Construa uma Ponte Dourada
Envolva seu Oponente
Peça Ideias a seu Oponente e Desenvolva-as
Peça Críticas Construtivas
Ofereça uma Opção a Seu Oponente
Satisfaça Interesses Insatisfeitos
Não Considere Seu Oponente Irracional
Fique atento às Necessidades Humanas Básicas
O Bolo Pode Crescer
Procure Transações de Baixo Custo e Alto Benefício Use a Fórmula "Se-Então"

Notas

Prólogo

As ideias desta seção — interesses, opções, padrões e alternativas — derivam do livro *Como Chegar ao Sim*. PATTON, Bruce; URY, William; FISHER, Roger. *Como chegar ao Sim*. São Paulo: Imago, 2005. Para maiores detalhes, ver os capítulos 3, 4, 5 e 6.

Seu BATNA é sua alternativa de *walkaway* (retirada): O termo BATNA origina-se de trabalho de Patton, Fisher e Ury, 2005.

1. *Saia de Cena*

"Sair de cena" é uma metáfora: devo a frase "saia de cena" a meu amigo, Professor Ronald Heifetz, que a utiliza em seus cursos sobre liderança na John F. Kennedy School of Government, de Harvard.

É necessário buscar pistas múltiplas: para uma boa discussão sobre como reconhecer mentiras, veja: EKMAN, Paul. *Telling Lies*. New York: Norton, 1985; ELGIN, Suzette Haden. Success with the Gentle Art of Verbal Self-Defense. Englewood Cliffs, New Jersey: Prentice Hall, 1989. p. 28-29.

Uma das imagens políticas mais celebradas: Sergei Khrushchev, contato pessoal com o autor em fevereiro de 1989.

"Eu o estava levando para casa" citado em "When Bad Bosses Happen to Good People," Jane Ciabattari, *Working Woman*, Jul. 1989, p. 88-89.

Um produtor de cinema: este exemplo é adaptado de uma história contada pelo roteirista e humorista Larry Gelbart, citado no inspirado livro de TAVRIS, Carol. *Anger*: the Misunderstood Emotion. New York: Simon & Schuster, 1982. p. 149- 150.

2. Passe para o Lado Deles

"Raramente é aconselhável": DE FELICE, Fortune. "Negotiations or the Art of Negotiating," In: Zartman, I. William (Ed.) *The 50% Solution*. New Haven: Yale University Press, 1976. p. 56.

Uma equipe de vendas da AT&T: este relato vem de uma conversa pessoal com um executivo da AT&T no outono de 1985.

"Tudo já foi dito antes": GIDE, André. *Le Traite du Narcisse*, 1891.

Veja o caso de uma negociação de contrato: este exemplo vem do excelente estudo de caso de WHYTE, William F. *Pattern for Industrial Peace*. New York: Harper, 1951. p. 87-88; p. 182-183.

Ex-secretário de Defesa dos Estados Unidos, Robert McNamara: este exemplo foi tirado de minhas notas pessoais daquela reunião.

O exemplo do professor de direito da Universidade de Columbia: de HEGLAND, K. Why Teach Trial Advocacy? An Essay on Never Ask Why. In: *Humanistic Education*, monograph III, HIMMELSTEIN, J.; LESNICK, H. (Eds.). New York: Columbia University School of Education. p. 69.

Acompanhe a visão de um diplomata americano: esta história foi citada por: SEGAI, Julius. *Winning Life's Toughest Battles*: Roots of Human Resilience. New York: Ivy Books, 1986. p. 41.

Um senador norte-americano: devo este exemplo a Elizabeth Sherwood.

Veja o exemplo de um encarregado de levantar fundos para a United Way: esta história devo a Pedro Freyre.

As pessoas também usam diferentes "linguagens sensoriais": para mais informações sobre a importância de estar em sintonia com a orientação sensorial da outra pessoa, conheça o trabalho de John Grinder e Richard Bandler, por exemplo: *Frogs into Princes*. Moab, Utah: Real People Press, 1979.

Fale de você, não de seu oponente: para uma discussão excelente sobre esse tópico, aplicada a pais e filhos, veja: GORDON, Thomas. *P.E.T.*: Parent Effectiveness Training. New York: Plume, 1975. p. 115-138.

Um renomado psicólogo infantil: GINOTT, Haim G. *Between Parent and Child*. New York: Avon, 1956. p. 138.

3. Reformule

Em 1979, o tratado SALT II, sobre controle de armamentos: este exemplo decorre de uma conversa com Joseph R. Biden, Jr., em maio de 1983.

Em uma negociação de compra: KIAM, Victor. *Going for It! How to Succeed as an Entrepreneur.* New York: William Morrow, 1986. p. 178.

"Nós gostamos de prazos finais": E. C. "Mike" Ackerman, conversa com o autor, outono de 1987.

Veja o exemplo general do século XVIII: FADIMAN, Clifton (Ed.). *The Little, Brown Book of Anecdotes*. Boston: Little, Brown and Company, 1985. p. 222.

4. Construa uma Ponte Dourada

Um exemplo clássico é o fracasso: esta narrativa é retirada das memórias de: NEUHARTH, Al. *Confessions of an S.O.B.* New York: Doubleday, 1989.

"Quando eu tinha cerca de treze anos": Steven Spielberg, citado pela revista *Time*, em 15 de julho de 1985. Sou grato a Arthur Kanegis por me apontar este exemplo.

"Eu me viro para o outro homem": WALDER, Francois. *The Negotiators*. New York: McDowell, Obolensky, 1959. p. 12.

"Quando a conversa começava": DE FELICE, Fortune. *op. cit.*, p. 57.

Veja o exemplo do proprietário de uma casa: esta história é de Edward Lustig.

Veja o caso do negociador de aquisições da Campbell Soup: este relato decorre de uma conversa pessoal com um executivo da Campbell, no outono de 1983.

"Todos são racionais": ACKERMAN, *op. cit.*

Na maioria das vezes, o segredo: para uma boa discussão sobre técnicas de negociação de reféns, veja: FUSELIER, G. Dwayne. A practical overview of hostage negotiation, *FBI Law Enforcement Bulletin*, v. 50, jul. 1981.

Veja como o estadista francês Georges Clemenceau utilizou a técnica de salvar as aparências: FADIMAN, 1985, p. 129.

Veja o caso do pescador inveterado: sou grato a Joseph Haubenhofer por esta história.

Quando o primeiro-ministro britânico Benjamin Disraeli: FADIMAN, 1985, p. 171.

Vá devagar para chegar rápido: Devo esta frase a Michael Doyle e David Straus. Eles a utilizam em seu livro revolucionário: DOYLE, Michael; STRAUS, David. *Making Meetings Work*. New York: Playboy Press, 1976.

Ele (o diretor do presídio): THAYER, Charles W. *Diplomat*. New York: Harper, 1959. p. 90-91.

5. Faça-os Caírem em Si, Não de Joelhos

"O suprassumo da habilidade não é obter cem vitórias": SUN TZU. *A Arte da Guerra*. São Paulo: L&PM, 2000.

Quando a Chrysler estava à beira da falência: IACOCCA, Lee; NOVAK, William. *Iacocca*: an Autobiography. New York: Bantam, 1984. p. 218-19.

No caso da loja de departamentos que tinha uma política discriminatória: exemplo de ALINSKY, Saul D. Rules for Radicais. New York: Vintage Books, 1972. p. 146-47.

"Quanto mais brutais forem seus métodos": HART, Basil Liddell. *Strategy*. New York: Signet, 1974. p. 357.

No início da crise dos mísseis cubanos: para uma narrativa excelente sobre o processo de tomada de decisão presidencial nessa crise, veja: ALLISON, Graham T. *Essence of Decision*. Boston: Little, Brown and Company, 1971; KENNEDY, Robert F. *Thirteen Days*: a Memoir of the Cuban Missile Crisis. New York: W. W. Norton, 1969.

"Poder absoluto, Templar": esta anedota de Churchill devo ao embaixador Jamsheed Marker.

Em 1943, centenas de mulheres alemãs: este incidente é descrito num trabalho de doutorado de Nathan Stoltzfus da Universidade Harvard. Para uma breve descrição do protesto, veja: STOLTZFUS, Nathan, The Women's Rosenstrasse Protest in Nazi Berlin, *Nonviolent Sanctions.* winter 1989/1990, p. 3.

Esse é o método de intervenção: para uma discussão completa da técnica de intervenção, veja: Johnson, Vernon E. *Intervention.* Minneapolis: Johnson Institute Books, 1986.

Veja a tática adotada pelos inquilinos: ALINSKY, *op. cit.*, p. 144.

Na histótia da antiga China: SUN TZU, 2000, p. 79.

Um procedimento típico: para uma discussão sobre procedimentos de solução de conflitos, veja: URY, William; BRETT, Jeanne M.; GOLDBERG, Stephen B. *Getting Disputes Resolved.* San Francisco: Jossey-Bass, 1988.

No final da crise dos mísseis cubanos: veja: KENNEDY, 1969. Robert F. p. 105-106.

"Nós demonstramos certa flexibilidade no final": ACKERMAN, *op. cit.*

Conclusão

Uma negociação para Libertação de Reféns: esta narrativa foi retirada de relatos de jornais e de uma entrevista pessoal com o oficial de polícia aposentado Robert J. Louden, em 8 de fevereiro de 1991.

Durante a Guerra Civil Americana: Fadiman, 1985, p. 360.

Sobre o Autor

Negociador, orador e autor consagrado, William Ury dirige o Projeto de Negociação Global da Universidade de Harvard. É coautor de *Como Chegar ao Sim* e autor de *Chegando à Paz* e *O Poder do Não Positivo: Como Dizer Não e Ainda Chegar ao Sim*. Ao longo das últimas três décadas, Ury tem mediado conflitos desde greves de mineradores a batalhas em conselhos de empresas e guerras civis ao redor do mundo. Ele ensinou negociação a dezenas de milhares de líderes de empresas, de governos e de organizações sem fins lucrativos.

Ury é cofundador do e-Parliament (www.e-parl.net), um fórum de busca de soluções para legislações eficazes, interligando membros de Congressos e Parlamentos ao redor do mundo. Ele também lidera a Abraham Path Initiative (www.abrahampath.org), que busca criar uma rota permanente de turismo e peregrinação no Oriente Médio que retrace os passos de Abraão, a figura unificadora entre o Judaísmo, o Cristianismo e o Islã.

Antropólogo de formação, Ury fez seu bacharelado em Yale e obteve seu Ph.D. em Harvard.

Para maiores informações, visite o site www.williamury.com ou mande um e-mail para info@williamury.com.

Sobre o Autor

"O maior segredo compartilhado do mundo é que a maioria de nós diz sim quando gostaríamos de dizer não, tanto em nossas vidas profissionais como particulares. Bill Ury generosamente nos fornece insights e técnicas para transformar esse dilema em soluções 'ganho-ganho'. Este é um livro sábio e poderoso."

— John Naisbitt, autor de *Megatrends*

HSM Editora

Conheça nossos títulos

Vencedoras por opção

Jim Collins & Morten T.Hansen | *352 páginas*

Dez anos depois de escrever o best-seller *Empresas Feitas para Vencer*, Jim Collins retorna com outro trabalho inovador, dessa vez para perguntar: por que algumas empresas prosperam em períodos de incerteza, ou até de caos, e outras não? Baseado em nove anos de pesquisa, apoiado em análises rigorosas e cheio de histórias interessantes, Collins e seu colega Morten Hansen enumeram os princípios para a construção de uma empresa verdadeiramente grande em tempos imprevisíveis, tumultuados e dinâmicos.

Ruptura Global

Ram Charan | *256 páginas* |

Você sabe o que fazer para ter sucesso em um mundo reconfigurado? Vivemos um momento de ruptura global. O centro do poder econômico está se deslocando dos países do Norte para os do Sul, como o Brasil. Esse deslocamento, junto com a ascensão de uma nova classe média que gera bilhões de novos consumidores, um sistema financeiro instável e complexo e o impacto que a crescente digitalização está exercendo em todos os negócios, cria imensas oportunidades, mas também altera o cenário do mundo em que vivemos em uma velocidade inédita.

Brandwashed – o lado oculto do marketing

Martin Lindstrom | *344 páginas*

O novo livro do autor do best-seller internacional, *A Lógica do Consumo* apresenta uma nova visão sobre como os gigantes globais trabalham para controlar e escolher o que consumidores compram.
Martin Lindstrom, o visionário do marketing, esteve na linha de frente da guerra das marcas por mais de vinte anos. Nessa obra, ele desvenda os segredos dessa guerra, revelando tudo o que testemunhou a portas fechadas, expondo pela primeira vez todos os truques psicológicos e todas as armadilhas que as empresas criam para aumentar as vendas.